[英国] 乔纳森 · 巴恩斯 著　史正永 韩守利 译

牛津通识读本 ·

亚里士多德的世界

Aristotle

A Very Short Introduction

译林出版社

图书在版编目（CIP）数据

亚里士多德的世界／（英）巴恩斯（Barnes, J.）著；史正永，韩守利译．—南京：译林出版社，2013.5（2023.7重印）
（牛津通识读本）
书名原文：Aristotle: A Very Short Introduction
ISBN 978-7-5447-2974-1

Ⅰ.①亚…　Ⅱ.①巴…②史…③韩…　Ⅲ.①亚里士多德（前384～前322）－哲学思想－研究　Ⅳ.①B502.233

中国版本图书馆 CIP 数据核字（2012）第 133562 号

著作权合同登记号　图字：10-2014-197 号

亚里士多德的世界［英国］乔纳森·巴恩斯／著　史正永　韩守利／译

责任编辑　何本国　陈　锐
责任印制　董　虎

原文出版　Oxford University Press, 2000
出版发行　译林出版社
地　　址　南京市湖南路 1 号 A 楼
邮　　箱　yilin@yilin.com
网　　址　www.yilin.com
市场热线　025-86633278
排　　版　南京展望文化发展有限公司
印　　刷　江苏凤凰通达印刷有限公司
开　　本　890 毫米 × 1260 毫米　1/32
印　　张　10
插　　页　4
版　　次　2013 年 5 月第 1 版
印　　次　2023 年 7 月第 12 次印刷
书　　号　ISBN 978-7-5447-2974-1
定　　价　39.00 元

序言

顾 肃

人类在其历史发展的过程中积累起了各种各样的智慧，各个国家、地区和时代的人们都作出了自己的贡献。其中，古代希腊的科学和哲学的思想成果就相当辉煌灿烂，一直到今天，人们仍然可以看到其重要的影响。

亚里士多德正是古代希腊科学和哲学的集大成者，第一个百科全书式的人物。他在自然哲学、形而上学、认识论、逻辑学、伦理学和政治学等领域都进行了系统的研究和阐述。可以说，不了解亚里士多德，就无法了解古代希腊人的智慧成果。今天，人们在讨论各种哲学和伦理的问题时，也会一再地引用到亚里士多德。正是因为他博大精深的思想和浩如烟海的著述提出并且总结了许多问题，他为后来西方思想的发展奠定了重要的基础。所以，有西方哲学家说，整个今天的西方哲学都不过是古代希腊柏拉图和亚里士多德思想的注释。此言虽然概括得有点过分，有些厚古薄今的味道，但从一个角度告诉人们，古代希腊这两位哲学大师伟大的思想贡献。

英国哲学家巴恩斯所写的这本《亚里士多德的世界》，篇幅虽然不大，却用简洁明快、凝练概括的语言，全面地介绍了亚里士多德的生平事迹，以及在科学和哲学各个领域作出的重要贡献。让我们读后对于亚里士多德其人其著其思想有一个系统的了解。而且,作者根据现有的研究成果和自己的理解,向我们呈现了一个与我们传统的看法有所不同的亚里士多德。

的确,亚里士多德的众多作品并不容易阅读,因为其中的大部分是其个人的讲稿，并不是精心修改成的系统阐述的著作。本书作者在此建议我们一个好的阅读方法:“拿起一本专题论文时把它看做一组讲稿,设想自己要用它们讲课。你必须扩展和阐述其中的论点,必须使过渡显得清晰;你可能会决定把一些段落转换成脚注或留做下次讲课用。”用这种身临其境的解读方法可以发现亚里士多德思想的发展脉络,理解他的研究成果何以用如此这般的方式来阐述。而这样的解读和理解恰恰可以让我们从亚里士多德那里汲取灵感,为研究和解决今天的问题进行创造性的思考。

亚里士多德哲学思想的一个显著特点是中庸之道,这不仅是他所信奉的伦理原则之核心，也是他思想方法的一大特色。他在提出和阐述一种思想和原则时，通常先众采各家之长,表述几方面的看法以后,再提出自己的见解。许多时候,他把前人和同时代哲学家的成果加以综合,提出全面系统的理论,比如他认为,哲学研究的对象是实在本身或实体,而这实体首先是指独立存在着的个别事物。他在实体学说的基础上探讨了事物生灭变化的原因,把它们归结为四种:质料因、形式因、动力因和目的因(即所谓“四因说”)。在此基础上,他进一步把四因归结为形式和质料两个方面,指出所有事物都是形式与质料的统一，但二者在事物形成过程中所占的地位和所起的作用不同。这些论述是对前人和同时代哲学家思想的总结,但又不是简单的凑合,而是有机的综合和统一。在认识论上,亚里士多德一方面认为认识起源于感觉，而感觉是外物作用于感官的结果，强调经验在认识中的作用；另一方面又强调理性的作用，并承认有不死的理性灵魂。总之，他不是坚守一个极端，而是尽量全面地论述问题。当然，在某些方面，他带有折衷主义的倾向。这种思想方法，把亚里士多德与他的老师柏拉图区别了开来。柏拉图通常是持守一个理想化的理念模式，然后内在一致地进行论述。正因为如此，柏拉图成了西方思想中刚性哲学的代表，他是理想主义思想的典型，而亚里士多德则是所谓柔性哲学的祖师爷，是现实主义思想的大师。

亚里士多德是形式逻辑的奠基者，第一次把形式逻辑变成系统的科学，他的众多论述都建立在三段论的基础之上，从而也为后来西方科学和思想的发展奠定了坚实的逻辑基石，严格的三段论的思维训练成了此后西方理论自然科学和社会科学发展的重要方法论的基础。亚里士多德也是伦理学大师，他在诸多著述中反复强调理性原则，主张中庸之道，提倡过有德性和静观的生活，甚至他的幸福观也建立在理性和智慧的基础之上，认为只有追求哲学智慧的人才是最幸福的。他从多个角度阐述过度和不及都会败坏人的德性，唯有适度才能造就德性。一直到今天，西方伦理学中关于德性的学说，特别是近年社群主义者关于恢复和追寻德性的论述，也以“回到亚里士多德”为主旨，由此足见亚里士多德思想的远见和深远影响。在政治领域，亚里士多德也是政治学的开山祖，他强调人是天生的政治动物，从主张少数贤人的政治转向赞成立宪共和政体，即一种介于三种正常政体之间并吸收其各自优点的混合政体。他提出最好的政治社会是由中等阶级的公民组成的，而法律的统治优于个人的专横统治，这些都被西方政治和社会发展的基本事实所验证，让人不断地回忆起这位大师两千多年前所提出思想之睿智和远见卓识。

本书即从各个方面简明扼要地、全面地论述了作为公众人物和大科学家、思想家的亚里士多德的伟大贡献。把这样一本篇幅不大的书从英文翻译成中文，实属不易，因为涉及的领域相当广阔，专业术语也很多。本书的中文译者作出了认真的努力，追踪亚里士多德所涉及的众多学科领域，在理解的基础上进行翻译。整个中译本表达准确，文句通顺，对于广大读者包括高校师生准确地了解和把握亚里士多德的科学研究和哲学思想，大有益处。特此予以推荐。

2010 年 1 月于南京

目录

第一章

其人其著

亚里士多德逝于公元前 322 年秋，终年 62 岁，正是他事业的巅峰时期：作为一位学者，他的科学探索广泛、哲学思索深邃；作为一名教师，他令希腊最聪明的年轻人为之着迷，并激励着他们；作为一位公众人物，他在动荡的年代过着动荡的生活。他像一位智慧巨人，高居于其他古人之上：他之前的人，无人堪比其学识贡献；而后来者，无人敢比其成就。

关于亚里士多德的性格和个性，人们知之甚少。他出身富贵人家，据说是个花花公子，手上戴着多枚戒指，留着时髦的短发。他消化系统不好，据说身材细长，像个纺锤。他是个优秀的演说家，演讲的时候观点明晰，谈话时的论述令人信服。同时，他还有一种讽刺才智。他树敌很多，他们指责他傲慢。但保存下来的亚里士多德遗嘱却表明，他是个有雅量的人。他的哲学著作是客观的、不带个人好恶的，但却表明他对友谊和自足的珍视，表明他在意识到自己在光荣传统中的地位时，对自己的成就又有一份恰当的自豪。也许他更多的是令人尊敬，而不是令人亲近。

对一个传记作家来说，这样的资料显得有些单薄；我们也不希望能像了解艾伯特·爱因斯坦和伯特兰·罗素那样多地了

图 1“亚里士多德是个花花公子，手上戴着多枚戒指，留着时髦的短发。”这个半身像的雕刻者——也许是亚历山大大帝命人制作的——则从另一个角度来看他。

解亚里士多德，毕竟他生活的时代太久远了，岁月的深渊已吞噬了他生活的细节。然而，有一件事可以确信无疑：亚里士多德的一生都被一种灼热的渴望,即对知识的渴望驱动着。他的整个生涯和每一个已为人知的活动都证明了一个事实:他先于其他人关注如何促进对真理的探索,如何提高人类知识的总和。

尽管他以一种非凡的投入来追求自己的目标,可他并不认为自己拥有非凡的求知欲;因为他曾断言"所有人都有渴望认识(世界)的天性",还声称:最恰当地说来,我们中的每个人都是以思想来区分的,因此生命——一种完全人类的生命——就是"思想活动"。在其早期的著作《哲学训词》[1]中,亚里士多德宣称"智慧的获得是令人愉悦的;所有的人在哲学中都会感到安适,也希望把其他事放在一边,花些时间在哲学上"。"哲学"一词从词源学上讲,指的是对智慧的热爱。在亚里士多德的书中,哲学家不是一个隐居的大学老师,从事着遥远而抽象的思考;而是寻求"人类的和神圣的一切事物的知识"的人。在他后期的著作《尼各马可伦理学》中,亚里士多德论述道:"幸福"——人们认识自己且感觉最旺盛活跃的一种思想状态——存在于一种充满智力活动的生命中。这种生命是不是过于神圣、人类无法企及?不是的,因为"我们不能听命于那些因为我们是人而督促我们思考人类思想,因为我们是凡人而督促我们思考凡人思想的人。相反,我们应尽可能地使自己不朽,尽可能地按我们身上最精细的元素生活——虽然这类元素在体积上很小,但在能量和价值上却比其他任何元素都更伟大"。

一个人的正确目标是仿效众神,使自己不朽;因为这样做就会变成最完全意义上的人,实现最完整的自我。这种自我实现需要他具有求知欲,而这种求知欲是一个人自然而然要具备

---

① 原文*Exhortation to Philosophy*,笔者译为《哲学训词》。——译注

的。亚里士多德的“幸福”秘诀也许被认为是苛刻的、适用范围狭窄的，而且，他把自己那种热切的求知欲归结于人类的共性，显然过于乐观。但他的秘诀出自于内心：他劝告我们像他自己那样度过我们的一生。

古代的一位亚里士多德传记作者写道：“他写了大量的书，由于他在每个领域都很优秀，我觉得有必要列举一下。”列举单上约有一百五十项，若按照现代的出版方式出版，也许足足有五十卷。这个列举单没有把亚里士多德的作品全部包括在内——实际上，单子上连他现在最有名的两部书《形而上学》和《尼各马可伦理学》都没有提到。列举单上的作品数量庞大，不过更值得注意的是作品涉及的领域和种类，而不是其数量。他列举的标题目录包括：《论正义》、《论诗人》、《论财富》、《论灵魂》、《论快乐》、《论学科》、《论种和属》、《演绎法》、《定义法》、《政治理论讲稿》（计八本）、《修辞艺术》、《论毕达哥拉斯学派》、《论动物》（计九本）、《解剖学》（计七本）、《论植物》、《论运动》、《论天文学》、《荷马问题》（计六本）、《论磁铁》、《奥林匹克运动会的胜利者》、《格言录》、《论尼罗河》。作品中有探讨逻辑的，有谈论语言的，有阐释艺术的，有剖析伦理学、政治和法律的，有讨论法制史和知识史的，有谈论心理学和生理学的，有谈论包括动物学、生物学、植物学在内的自然史的，有谈论化学、天文学、力学和数学的，有探讨科学哲学的，有探讨运动、空间和时间之本质的，有探讨形而上学和知识理论的。随便选择一个研究领域，亚里士多德都曾辛勤耕耘过；随便说出一个人类努力探索的方面，亚里士多德都曾经论述过。

这些作品中，不足五分之一保存了下来。但幸存下来的这一小部分包含了他研究的大部分内容。尽管他生平的大部分作品遗失了，我们仍能获得他思想活动的全貌。

. 现存著述中的大部分当初也许并不打算供人阅读；因为当代所保存的这些专题论述似乎是由亚里士多德的讲稿组成的。这些讲稿是供自己使用而不是用于公开传播。毫无疑问，讲稿在数年的时间中经过了不断的修改。而且，尽管一些专题论述的结构由亚里士多德自己确定，其他的论述却很明显地是由后来的编辑们拼凑起来的——其中《尼各马可伦理学》就不是一个统一的著作，《形而上学》很明显地是由一组论文组成，而不是一篇连贯的专题论文。有鉴于此，当我们看到亚里士多德作品的风格经常不相统一时，就不足为奇了。柏拉图的对话是精雕细刻的人工作品，语言技巧映衬着思想的微妙。而亚里士多德的大部分作品都语言简练，论点简明。其中可以见到突然的过渡、生硬的重复和晦涩的隐喻。好几段连贯的阐述与断断续续的略记夹杂在一起。语言简朴而有力。如果说论述语言看起来未加润色，部分原因乃在于亚里士多德觉得没有必要祛除这种粗糙。但这只是就部分作品而言，因为在揣摩过科学作品的恰当写作风格之后，亚里士多德喜欢简约。“在每一种教导形式中，都要略微关注语言；因为在说清事物方面我们是这样说还是那样说的，这是有区别的。但这种区别也不是**特别大**：所有这些事物都是要展示给听众的——这也是为何没有人用这种方法教授几何的原因。”亚里士多德能写出很精美的文章，文笔受到古代读过他未保存下来的著作的评论家垂青——现存的一些作品写得铿锵有力，甚至华丽而富有神韵。但华丽辞藻是无用的，精美的语言结不出科学的果实来。

如果读者打开亚里士多德的书就想找到对某个哲学主题的系统论述，或想发现一本有条理的科学教科书，难免会很快打住:亚里士多德的专题论述可不是那样的。不过,阅读这些论述也不是枯燥的长途跋涉。亚里士多德有一种活力,这种活力越吸引人就越容易被了解;这些论述毫无柏拉图对话中的掩饰笔法,以一种直接而刻板的方式(或者至少显得是这样)揭示作者的思想。不难想象的是,你能在不经意中听到亚里士多德的自言自语。

最重要的是,亚里士多德的作品是很难阅读的。一个好的阅读方法是:拿起一本专题论文时把它看做一组讲稿,设想自己要用它们讲课。你必须扩展和阐述其中的论点,必须使过渡显得清晰;你可能会决定把一些段落转换成脚注或留做下次讲课用。如果你有演讲才能,会发现幽默自在其中。得承认的是,亚里士多德的作品不仅难读,还令人困惑。他在这里是什么意思呢?这个结论究竟是如何由那些前提推导来的?为何这里会突然出现令人费解的术语?一个古代的批评家曾声称"他用晦涩的语言来迂回绕过难以阐述的主题,以此避免别人的反驳——就像章鱼喷射黑墨一样,使自己难以被捕获"。每个读者有时都会把亚里士多德看做章鱼。但令人懊恼的时刻没有欢欣的时刻多。亚里士多德的论述给读者提出一个特殊的挑战;一旦你接受挑战,就不会再读其他形式的论述了。

第二章

一位公众人物

亚里士多德不是隐者:他所推崇的沉思冥想不是躺在扶手椅里或窝在象牙塔里进行的。他从未从政,但却是个公众人物,经常实足地生活在公众的视野里。不过,公元前322年春,他隐居到埃维亚岛上的哈尔基斯, 在那里有他母亲家族的财产;在生命的最后几个月,他为自己的孤独而感到悲伤。

之前的十三年,他住在希腊的文化之都雅典。在雅典期间,他定期地在吕克昂[①](Lyceum)教课。因为他认为知识和教书是不可分割的。他自己的研究经常与他人以研究小组的形式一起完成;他将自己的研究结果与朋友和学生交流,从不把它们看做自己的私人宝藏;毕竟,一个人除非能将自己的知识传递给他人,否则就不能宣称自己懂得了一个学科领域。而且,教书是有知识的最好证据,也是知识的自然展示。

吕克昂有时被称做亚里士多德的"学校";人们也很容易把它想象成现代大学的一种,想象成具有作息表、课程课目和教学大纲,组织学生入学和考试,并进行学位的授予工作。但吕克昂不是私立大学:它是个公共场所——是一个圣殿、一所高级

---

① 亚里士多德于公元前335年在雅典创办的学校。——编注

学校。一个古老的传说是这样的：亚里士多德上午给优秀的学生授课，晚上则给一般公众作讲座。不管事实如何，吕克昂内的各项制度的确远没有现代大学那么正规。那时也没有各种考试和不同等级的学位；没有学费（也没有助学金）；那时没有拜占庭式的行政系统，这种系统对现代意义上的教师和学生的教与学来说则是必不可少的。

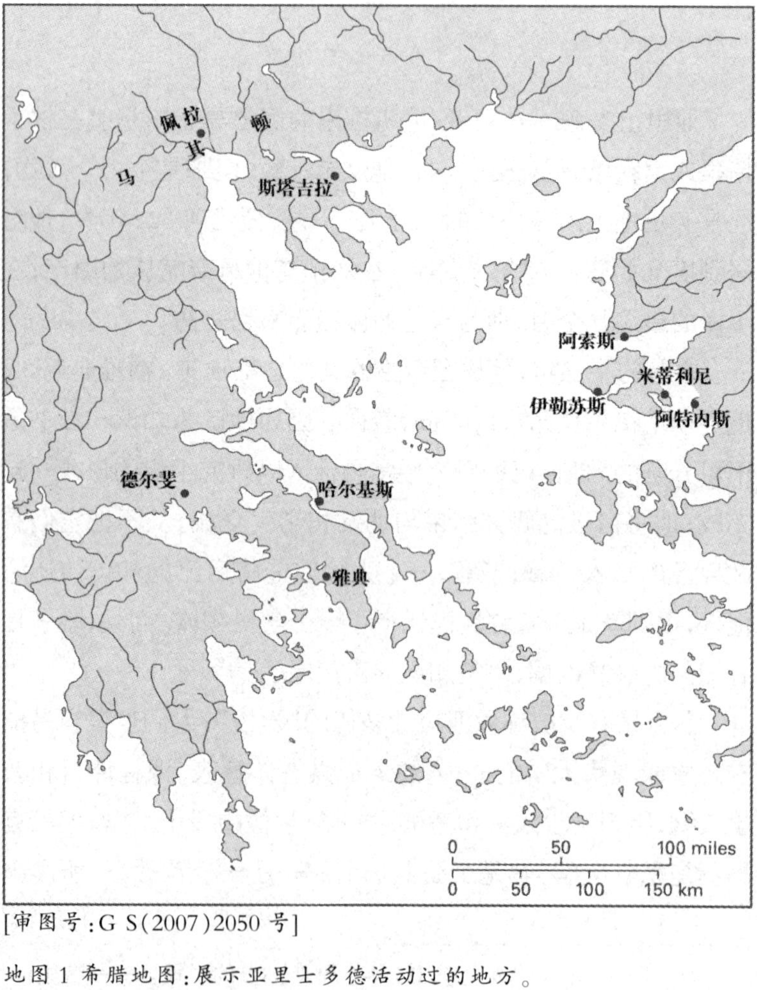

[审图号：G S(2007)2050 号]

地图 1 希腊地图：展示亚里士多德活动过的地方。

亚里士多德把教学和研究结合起来:他的课堂内容一定经常是“研究性论文”,或是基于目前研究兴趣的谈话。他不是单独工作。许多同事加入到他的科学和哲学研究事业之中。确切地说,我们对所有这一切都知之甚少:就我自己而言,我喜欢想象一帮朋友共同协作,而不是像条顿教授那样指导出众的学生进行研究;但这只是想象。

亚里士多德为何突然放弃吕克昂的乐趣而退隐哈尔基斯呢?据称,他说“他不想雅典人再犯一次违反哲学的罪过”。第一次罪过是对苏格拉底的审判和处决。亚里士多德担心他可能遭受苏格拉底的命运;他的担心也是有政治方面的根据的。

在亚里士多德有生之年,马其顿在腓力二世及其子亚历山大大帝的相继统治下,不断扩展势力,逐渐主导希腊世界,剥夺了小城邦的独立地位和部分自由。亚里士多德一生都与马其顿有着密切关系:亚里士多德出生之前,他的父亲尼各马可是马其顿宫廷医生;亚里士多德死的时候,指定亚历山大的希腊总督安提帕特为其遗嘱执行者。马其顿历史上最有名的插曲开始于公元前343年:腓力二世邀请亚里士多德到米埃萨做小亚历山大的老师,亚里士多德应邀在宫廷待了几年。于是围绕着王子和哲学家的快乐结合有一段意味深长的传奇故事;我们不要想着能看穿这种传奇的迷雾,或者能弄清亚里士多德对托他照管的相貌平平却胸怀抱负的人有多大的影响。毫无疑问的是,他从自己的皇家地位中获得不少好处;或许,他也利用自身影响为他人做过好事。有人说(这个故事据我所知可能是真的),雅典人曾刻碑铭来纪念他,其中写他“很好地为这座城市服务……为雅典人做各种服务性工作,尤其是为了他们的利益而与腓力二世国王周旋”。

图 2 “腓力二世邀请亚里士多德到米埃萨做小亚历山大的老师，亚里士多德应邀在宫廷待了几年。于是围绕着王子和哲学家的快乐结合有一段意味深长的传奇故事。”中世纪的手稿间或会提到这段传奇。

亚历山大在公元前 323 年 6 月去世。许多雅典人为此高兴不已，各种反马其顿情绪不加掩饰地表现了出来。亚里士多德不是马其顿的代言者。（值得说明的是，他在吕克昂所教授的政治哲学并不包含为马其顿帝国主义所作的辩解；相反地，它是反对帝国，反对帝王的。）不过，亚里士多德依然与马其顿有关联。他有一段在马其顿生活的过去，并且还有许多马其顿朋友。他发现离开雅典是明智的。

大约七十年前，考古学家在德尔斐发现的破碎的碑铭可间接地说明上述结论。据碑铭碎片记载：由于“他们为那些在皮提亚运动会上夺冠的人和从一开始就组织这场赛事的人起草铭文，亚里士多德和卡利斯提尼[1]得到了赞美和表彰；让事务大臣抄录铭文……并立于神庙之中”。碑铭大约在公元前 330 年撰刻。据说几年以后，亚里士多德给他的朋友安提帕特写信时揭示了自己当时的心情：“至于当时在德尔斐给我的荣誉（现在已剥夺了），我的态度如下：我对之既不是特别在意，也不是毫不关心。”这似乎表明，公元前 330 年公民投票给予亚里士多德的荣誉后来被撤消了。这个碑铭被摔碎了，后来在一口井的井底被发现——是欢呼的德尔斐民主主义者于公元前 323 年出于反马其顿的愤怒而把碑铭丢下井的吗？

不管怎样，亚里士多德被邀请到德尔斐起草获胜者名单的事实表明，在公元前 330 年之前，他就因知识渊博而享有一定的名气。因为，这项工作需要历史研究。在仅次于奥林匹克运动会的皮提亚运动会上获胜者，其姓名和成绩都保存在德尔斐城的档案里。亚里士多德和卡利斯提尼（亚里士多德的侄子）一定曾在大量的古文献里进行筛选；从这些材料里确定正确的编年顺序，然后做出一份权威的表单。这份表单就是运动史的一部分；不过运动史远不止这些。在亚里士多德生活的年代，历史学家不能根据普遍接受的年表惯例体系（就像现代历史学家使用“公元前”和“公元”的惯例一样）来确定叙述顺序。年表以及后来精确的历史，要根据对照性历史年谱来写：“战争爆发时，X 是雅典的执政官，第 N 届奥林匹克运动会的第三个年头，Y 在德尔斐赢得战车比赛冠军。”直至亚里士多德死后几个世纪，历史编年问题才得以解决；不过，亚里士多德对此小有贡献。

亚里士多德的作品列表我已在前文正式提到过，其中还恰

① 希腊哲学家，记录了亚历山大大帝东征这一历史事件。——译注

当地包括了《皮提亚运动会的获胜者》这个标题。列表上还有其他表明类似历史学术题材的作品:《奥林匹克运动会的获胜者》、《Didaskaliae》(一个按系统排列的、在雅典戏剧节上演的戏剧目录)、《Dikaiomata》(希腊各城邦提交的法律文书的选集,亚里士多德准备这些法律文书为的是腓力二世可能要解决各城邦的边界问题)。但在所有的历史研究当中,最著名的还是《城邦政制》。这类政制共有一百五十八种。少数残片被保存了下来,为后来的作者所常常引用;一个多世纪以前,在埃及的沙子里发现一个莎草纸卷轴,几乎包含一部完整的《雅典政制》。文本分两部分:第一部分简要地介绍了雅典宪法史;第二部分对公元前 4 世纪雅典的政治体制进行了描述。亚里士多德本人不是雅典公民,想必却埋头在雅典的档案之中,饱读许多雅典历史学家的作品,并熟悉雅典的政治实践。他的研究为雅典人生活的一个面向提供了浓缩而完备的历史。

第三章

动物学研究

亚里士多德于公元前335年开始在吕克昂里教学。从公元前335年到公元前322年的十三年是他在雅典的第二阶段。他在雅典的第一阶段共有二十年，从公元前367年直到公元前347年。在公元前347年，他突然离开该城。关于他离开的原因没有可靠的记录；但在公元前348年，希腊北部城市奥林索斯陷落到马其顿军队手中，一种仇恨反应把狄摩西尼和他的反马其顿盟友推上了雅典的权力宝座：情况很有可能是，就像公元前322年被驱逐一样，政治问题使得亚里士多德在公元前347年被逐出该城。

不管出于什么原因，亚里士多德东渡爱琴海，定居阿特内斯小镇，在那里有他妻子一方的姻亲。阿特内斯的统治者或者说"独裁者"名叫赫尔米亚，既亲近马其顿，又喜欢哲学。赫尔米亚把"阿索斯城堡给亚里士多德及其同伴居住；他们一起在院子里聚会，把时间都投入到哲学研究上；赫尔米亚给他们提供了一切所需"。

亚里士多德在阿索斯住了两三年。不知何故，他后来又搬迁到附近莱斯博斯岛上的米蒂利尼居住。据说，他在那儿遇见了同岛居住的伊勒苏斯人泰奥弗拉斯多，后来成为亚里士多德的学生、同侪及其衣钵的继承者。后来，又不知何故，亚里士多德离开爱琴海，回到他的出生地斯塔吉拉，在那里一直居住到腓力二世再次召唤他去雅典。

图 3 赫尔米亚把"阿索斯城堡给亚里士多德及其同伴居住；他们一起在院子里聚会，把时间都投入到哲学研究上；赫尔米亚给他们提供了一切所需"。庭院已经不复存在了，但后来的城堡还有一部分依然耸立。

古代舆论对赫尔米亚评价极坏：他不仅是个暴君，还是个野蛮之人，一个去睾的宦官。但他对亚里士多德很慷慨。作为报答，亚里士多德娶了赫尔米亚的侄女皮提亚斯，她为亚里士多德生了两个孩子：皮提亚斯和尼各马可。并且，当赫尔米亚在公元前 341 年被出卖、受刑并被波斯人以极其恐怖的方式处死时，亚里士多德为了纪念他而创作了一首赞美诗。不管赫尔米亚性格如何，他对科学发展有功。因为正是在亚里士多德云游期间，即公元前 347 年至公元前 335 年，尤其是居住在爱琴海东岸期间，他进行了奠定他科学声誉的研究工作中的主体部分。

因为，如果说亚里士多德的历史研究令人印象深刻，但与他的自然科学研究相比就算不了什么了。他在天文学、气象学、化学、物理学、心理学和其他五六个学科中都进行了观察或收集了观察资料。不过，他的科学研究名声主要建立在动物学和生物学研究之上：他对动物的研究奠定了生物科学的基础；他的研究直到他死后两千年才被超越、替代。作为这些研究之基础的调查工作，其中一些重要内容是在阿索斯和莱斯博斯岛进行的；总之，亚里士多德讲述海洋生物时常常提到的地名表明爱琴海东部是一个主要研究地域。

亚里士多德非常勤勉地要揭示的科学事实都收集在两大卷书中：《动物史》和《解剖学》。《解剖学》没有被保存下来；如其书名所示，那是关于动物内部组成和结构的书。有理由相信那本书中包含有图解和图样，也或者主要就是由图解和图样构成。《动物史》保存了下来，它的书名（就像亚里士多德其他几本书的名字一样）令人误解："历史"一词由希腊单词 historia 音译而来，该词的实际意思是"调查"或"研究"；更为恰当的书名翻译应该是《动物研究》。

《动物史》（即《动物研究》）一书详细地讨论了各种动物的内部和外部的组成部分；构成动物身体的不同的物质成分——血液、骨头、皮毛和其他成分；动物中不同的产崽方式；它们的饮食习惯、生活环境和习性。亚里士多德谈到的动物有绵羊、山羊、鹿、猪、狮子、土狼、大象、骆驼、老鼠和骡子。他描述的鸟类包括：燕子、鸽子、鹌鹑、啄木鸟、老鹰、乌鸦、乌鸫、布谷鸟。他深入研究的对象包括乌龟和蜥蜴、鳄鱼和毒蛇、海豚和白鲸。他仔

图 4“亚里士多德……后来又搬迁到附近莱斯博斯岛上的米蒂利尼居住。据说，他在那儿遇见了同岛居住的伊勒苏斯人泰奥弗拉斯多，后来成为亚里士多德的学生、同侪及其衣钵的继承者。”

细考察了各种昆虫。他尤其熟悉海洋动物，并在这方面有着渊博的知识，熟悉对象包括鱼类动物、甲壳动物、头足纲动物、贝壳动物。《动物研究》的研究对象从人到干酪蛆，从欧洲的野牛到地中海的牡蛎。希腊人所知道的每一个物种都被注意到了，大多数物种都有详细的描述；有些情况下，亚里士多德的叙述既详尽又准确。

动物学那时是门新学科。面对数量如此巨大的动物种类，亚里士多德该从何处着手呢？下面是他的回答：

> 首先，让我们思考一下人体结构；正如人们通过他们最熟悉的标准来测试货币，在其他情况下也是如此——人必然是我们最熟悉的动物。现在，我们能清楚地感知人体的各个部分；然而，为了不打破其固有的顺序，为了在依赖感知的同时又兼顾推理，我们必须描述人体的结构——首先是器官的结构，然后是整体结构。作为一个整体，人体的主要组成部分包括：头、颈部、躯干、双臂、双腿。

亚里士多德首先以人为研究对象，因为人体最为我们所熟悉，可用做参照点。他知道，他所说的很多话人们再熟悉不过——写“人的脖子在头和躯干之间”似乎太幼稚或书生气了。但亚里士多德想完整而有条理地进行叙述，有时甚至以陈腐叙述为代价；不管怎样，讨论很快就变成专业的叙述。以下节选的段落会反映出《动物研究》的些许特点：

> 章鱼的触须既用做脚又用做手：它用嘴上的两个触须把食物送到嘴里；最后一个触须非常突出，也是唯一一个

略带白色、顶部叉开的触须(它向脊椎方向展开——脊椎是吸盘对面的光滑的表面),章鱼用它进行交配。在其液囊的前面、触须的上面有一个空管,章鱼用它把用嘴吃东西时进入液囊里的海水排掉。章鱼会左右移动空管;并可通过空管排精。若按章鱼所谓的头的方向来判断,它是伸开腿斜着游的。当它这样游动时,眼睛可以向前看(因为眼睛在顶部),嘴巴则位于背后。只要是活的章鱼,它的头就是坚硬的,像充了气一样。章鱼用触须的下部抓取物体,脚间的膜充分展开。如果靠近沙子,章鱼就不能抓牢物体了。

亚里士多德接着讨论触须的大小。他把章鱼与其他头足类动物,如乌贼、小龙虾等进行了比较。他详细地描述了这种生物的内部器官,很明显,他进行了解剖并仔细地进行了检查。在上述引文中,他提到被称为"交接"的现象,即雄性章鱼一个触须上的叉开部分,雄性章鱼以之与雌性章鱼进行交配。这种现象不容易被观察到,亚里士多德本人也不是完全确信(至少他在其他地方表示了怀疑:章鱼是否用触须进行交配?);但他的说法是完全正确的;他所描述的事实直到19世纪中叶才被人重新发现。

人们很容易对《动物研究》有溢美之词,不管怎样这是一部天才之作,一座不知懈怠者的丰碑。毫不惊讶地,许多煞风景的学者会指出其中的几点不足。

首先,亚里士多德被指责经常犯拙劣的错误。最臭的一个例子仍与交配有关:亚里士多德不止一次声称交配时雌苍蝇将一个细管或细丝向上插入雄性苍蝇的体内,并且还说"这对任何试图分开正在交配的苍蝇的人来说都是显而易见的"。这并不显而易见，相反，亚里士多德的断言是错误的。另一个例子是关于欧洲野牛的叙述。在对这种毛发蓬松的野兽进行一段模糊描述之后，亚里士多德说这种野兽由于肉的用途而经常受到捕猎，并且说“它用踢蹄子、排大便的方式进行自卫，它能把自己的粪便喷射到八码之遥——它这样做很容易，也经常这样做；粪便十分灼热，会把猎狗的皮毛灼伤”。描写得很好，并且很明显不是在开玩笑：亚里士多德只是被一个猎人酒后胡言骗了。

第二，亚里士多德被指责没有使用“实验方法”。他著述里提到的各种观察——他人的观察或者他本人的观察——大都是业余水平。这些观察都是在野外进行的，不是在实验室内展开的。亚里士多德从未试图设置适当的实验条件或进行控制性观察。没有证据表明，他曾试图重复观察以检验或校正结论。他的整个程序，按照任何科学标准来说都是草率的。

第三，有人批评亚里士多德没有认识到测量的重要性。真正的科学是要用数量表示的：亚里士多德的描述是定性描述。他绝不是个数学家。他没有打算将数学应用到动物学上。他没有称标本的重量或量标本的尺寸。他记录的是一个外行对事物的印象，而不是专业的计算。

这些指责都有些道理——亚里士多德不是一个一贯正确的人，而且他是一个开拓者。但这些指责说错了地方。第一项指责是乏味的。《动物研究》中存在许多错误，一些错误是因为亚里士多德当时几乎没有仪器可用造成的；一些则是观察或判断上明显的错误。［那个后果最严重的错误导出了“自然生殖”理论。亚里士多德声称，一些昆虫“不是由母体昆虫产生的，而是自然生成的：一些是由落在叶子上的露珠生成的……一些在腐化的泥土或动物粪便中生成，有的在树木（活着的草本植物或枯木中)生成,一些在动物的皮毛中生成,一些在动物的血肉中生成,一些则在动物的粪便中生成”。亚里士多德观察了头顶上的虱子、粪坑中的蛆;只是由于谨慎不够或缺乏仪器,他观察得不够准确。但是,错误远没有创见多——并且,什么样的科学工作能免于错误?

《动物研究》里包含一段话,经常被说成是一个实验的报告。亚里士多德描述了小鸡在鸡蛋里的早期发育情况。他相当详细地记录了胚胎连续多天的生长情况:他从孵化小鸡的母鸡身下一天拿出一个鸡蛋,打破后记录鸡蛋里每天所发生的变化。(如果我们相信这段话的含义,那么他不仅在家养的鸡身上进行实验——描述得非常详细——而且也用其他鸟类进行了实验。)

对小鸡胚胎的描述是《动物研究》中非常卓越的段落;但这不是一个严格意义上的实验报告。(比如,就我们所知,亚里士多德没有控制鸡蛋孵化的条件。)《动物研究》作为一个整体也不都是这样的,这样有日期的、连贯的观察是很少的。但这也不足为怪。“实验方法”对亚里士多德所从事的研究来说没有特殊的重要性。他在开创一个新的学科,有极其丰富的信息等待收集、筛选、记录、组织。那时还不需要实验证据。不管怎样,对于描述性动物学来说,实验并不合适。你无须使用“实验方法”来确定人有两条腿,或者用实验方法去描述章鱼的交配。亚里士多德本人知道,不同的学科要求不同的研究方法。那些指责他没有进行实验的人乃是囿于一种庸俗的错误,即所有学科必须通过实验途径来研究。

至于第三点指责,有时能看到的回应是,亚里士多德的动物学之所以不是定量研究,是因为他没有定量研究所需要的技术设备：他没有温度计、没有精密的计量器、没有准确的计时器。这些都千真万确；但这一点不应被夸大其词。希腊的店主称量已杀死切好的动物的肉，亚里士多德却不称量活着的动物，这从技术上讲是没有道理的。以此断言亚里士多德不是数学家也并不恰当。尽管他本人对数学的进步没有贡献，他对同时代人的数学作品是很熟悉的（数学的例子和引用在他的作品里很多）；并且，不管怎样，几乎不需要多少数学专业知识就可以把测量引入学科研究之中。

实际上，《动物研究》中含有大量模糊的定量陈述（这种动物比那种大些；这个动物比另外一个排的精液要多）。也有少量明确的定量观察。亚里士多德谈到，在两种主要的鱿鱼中，“那种叫做 teuthoi 的比叫做 teuthides 的要大得多，可长到七英尺半；一些乌贼有三英尺长，并且章鱼的触须有时也有那么长或者更长些”。亚里士多德似乎测量过头足类动物的尺寸。他本来完全可以称它们的重量，并进行其他重要的统计，但他情愿不那么做。那不算是错误，而是一种明智的选择。亚里士多德很清楚地知道，在他的动物学中，重要的是形状和功能，而不是重量和大小。章鱼触须的长度因标本的不同而不同，没有多少科学意义；科学家关注的是触须的结构，是它在这种动物的生命中的功能性作用。

《动物研究》不无瑕疵，但它是部杰作。没有其他什么地方能更生动地显示亚里士多德的“求知欲”了。

第四章

收集论据

亚里士多德是个搞调查研究的科学家，他的大量时间都用于进行原始的第一手研究：他记录自己的观察，并且亲自进行许多解剖工作。但他不能把所有的叙述都建立在个人调查之上；就像其他知识探索者一样，他借用其他人的观察，采集其他人的研究精华。那么，亚里士多德的研究方法是什么呢？他是如何展开自己的工作的？

一个令人愉快的故事这样说道：亚历山大大帝"认识动物天性的欲望很强烈"，于是"在整个希腊和小亚细亚安排几千人——所有的打猎者、放鹰狩猎者或捕鱼者，所有的园林看护者、畜牧者、养蜂人、鱼塘看护者或鸟类饲养场主——供亚里士多德驱遣，这样就没有什么活的动物能不被他注意到"。亚历山大大帝不大可能做过这样的事，但这个故事说明了这样一个事实：亚里士多德在《动物研究》中经常引用养蜂人和渔夫、猎人和畜牧人以及那些农业生产者和动物饲养者的经验介绍。养蜂人对蜜蜂的习性很有经验，亚里士多德于是就依靠他们获得专业知识。渔夫观察到旱鸭子永远不能观察到的东西，于是亚里士多德就从他们那里搜集信息。在援引这些信息时，他保持了应有的谨慎。他说，一些人否认鱼的交配行为；但是他们错了。

“他们很容易因为这样的事实而犯错误：这些鱼交配速度很快，因此，即便是许多渔夫也观察不到，因为他们谁也不会因为要积累知识而去观察这样的事。”然而，亚里士多德的许多著作都以这些专业人士的陈述为部分依据。

此外，亚里士多德还参考了文献资料。希腊的医生们曾作过一些人体解剖研究，于是亚里士多德便用他们的作品作为叙述人体结构的依据——他在详细地谈论血管系统时就大篇幅地引用了三个前辈。总的来说，亚里士多德的研究表明他阅读广泛：“他如此刻苦地学习……以至于他的房屋被称为‘读者之家’。”并且他有很多的藏书：“他是我们所知道的第一个收集书籍的人；并且他的榜样作用教会了埃及国王如何建立一个图书馆。”

就亚里士多德的动物学研究而言，书本学习的作用有限，因为那时几乎没有什么书籍能教给他什么。但其他学科则有许多书可以细细阅读。亚里士多德建议，“人们应当从文献中进行节选，分主题进行罗列，比如按商品分类或按动物分类”；他著作的目录表明，他本人按照这样的分类汇编了不少资料。他的许多讨论都是先简要地介绍对某个问题研究的历史，以简要的形式陈述前人所提出的观点。在《形而上学》中介绍原因的种类和性质时，他说道：

> 我们在《物理学》中已经充分地考虑过这个问题；不过，让我们也记下前人的观点，他们对现存的事物进行过探究，对实际存在的事物进行过哲学研究。因为，很显然，他们也提到存在着某些法则和原因。并且这对我们目前的探究会有帮助，这在我们接下来的讨论中会体现出来；因

为我们或者会发现某种更深入的原因，或者我们会更加坚信上面提到的调查结论。

亚里士多德写了几篇关于知识史的文章。他早期的著作《论哲学》中有详细叙述哲学的起源和发展的文章；并且亚里士多德还写有关于毕达哥拉斯、德谟克利特、阿尔克迈翁和其他人的专论。这些著作只保存下一些片段；但亚里士多德那些专题中的历史概述无疑是利用这些专题写成的。仅就知识史进行判断的话，这些概述并非无可指摘（现代学者有时对之严责苛评）；但这样的指摘并不中肯：概述的目的不是对某个思想按年代进行记述；而是要给亚里士多德自己的研究提供一个起点，并作为他自己思考的一种校正。

并非总能有以往的探究可供参考。在一篇关于逻辑的专题文章的结尾，亚里士多德这样写道：

就修辞学而言，有许多以往的材料给我们佐证；但就逻辑学而言，我们一点现成的材料也没有，我们只有花很长的时间进行辛苦地调查才能获得。如果你在思考这一问题并记得我们开始的状态时，认为这一学科发展得足以与在传统中发展的其他学科相媲美，那么就请听过我们演讲的所有人原谅我们的疏忽之处，并且你们也该热烈地感谢我们所获得的发现。

即使亚里士多德当得起此番赞扬，但这样自鸣得意却不是他的一贯风格。不过，我引用这段话是想通过含蓄的对比来表明，亚里士多德惯用的研究程序是建立在前人研究之上的。他在逻辑学

图 5 老师和学生：公元 2 世纪的一座浮雕。亚里士多德“认为知识和教学是不可分割的”。

上没法这样做；他只能在生物学的有限范围内这样做。在其他“在传统中发展”的学科中，他感恩戴德地接受传统留给他的一切。

依靠传统，或者说使用以往的发现，对任何一个科学研究者来说都是一种谨慎的做法，也是一种绝对必要的做法。这在亚里士多德身上体现得更为深刻。他非常清楚，自己的地位是在众多思想家之后；他对知识史以及自己在其中的地位有着深刻的认识。他的建议，即留意倾听可信观点，不仅是个谨慎的建议：毕竟人天生就有欲望发现真理；自然本来不愿给人这样的欲望，让欲望的满足无法实现；于是，如果人们普遍地相信什么，那就表明正确的可能性比错误的可能性要大。

亚里士多德的信念直接反映他思想的两大特征。第一，他坚持他所说的“可信观点”的重要性。所有人或大多数人——至少是所有或大多数聪明人——所坚信的事物自然是“可信的”；因此亚里士多德认为，其中必定有些道理。在《论辩》这部主要探讨如何就“可信观点”进行推理的作品中，他建议我们收集这样的观点，然后用做调查研究的出发点。在《尼各马可伦理学》中，他暗示说，至少在实践哲学中，可信观点既是研究的出发点也是研究的终点：“如果问题解决了，可信言论还成立，该问题就已经有了足够的证据。”在我们的伦理学调查中，我们会收集相关的“可信观点”；我们会吹开糠皮——祛除谎言的外衣；留在地面上的是真理的谷粒，这就构成了探究的结果和总结。

第二，亚里士多德清楚地明白传统对知识积累的重要性。

> 就所有发现工作来看，当后来者从早期辛勤耕耘者手中接过研究工作时，就会在之后逐渐取得进步；但是，一开始，那些最初所取得的发现成果往往进步不大。然而，这些

发现成果比后来以它们为基础的后续发现要远为有用。因为，俗话说，开端无疑是最重要的事。这也是它最为艰难的原因所在；因为能量越大，数量上就越小，也越难看得出来。但是，一旦某事物被发现了，添加或增强其余部分的工作就相对容易了。

他又论述道：

对现实的调查说难也难，说容易也容易。此话的含义是，没有人能以一种令人完全满意的方法完成调查，同时也没有人的调查会一无所获：我们每个人都针对自然说些什么；尽管我们作为个体对研究的推动很小，但所有人的研究结合起来成果就可观了——并且，就像谚语所说的那样，对于谷仓门谁又会打不中呢？……公平地说，我们不仅要感谢那些与我们观点相同的人，也要感谢那些观点肤浅的人；因为他们也贡献了一些东西——他们为我们准备了许多东西。如果没有提谟修斯，我们现在就会少了大量的抒情诗歌。但是，要不是弗里尼，提谟修斯就不会写诗歌。那些着眼于现实表达观点的人也是出于同样的道理。因为，我们从一些人那里获得某些观点，而另外一些人则是这些人存在的原因。

知识的获得是艰难费力的，学科发展因而缓慢。第一步是最艰难的，因为那时没有什么能指导研究过程。后来的努力就轻松些，但即便如此，作为个体，我们知识的积累贡献还是很小的：蚂蚁堆积蚁丘是集体的功劳。

第五章

哲学背景

亚里士多德是个不知疲倦的论据收集者——收集有关动物学、天文学、气象学、历史、社会学的论据。他的一些政治研究是在晚年进行的，即从公元前 335 年到公元前 322 年，他那时在雅典的吕克昂任教。他的生物学研究大部分完成于云游岁月，即公元前 347 年到公元前 335 年。有理由认为他最为频繁地收集论据是在成年时期的第一阶段，即公元前 367 年至公元前 347 年之间，这一阶段仍有待叙述。

到目前为止，我们已看到作为一个公众人物、一个无公职的研究者的亚里士多德；但这些至多只算了解一半。毕竟，亚里士多德是以一个哲学家而闻名，就我直至目前所描述的那些饶舌的理论来看，没有什么哲学味道。实际上，亚里士多德的一个古代夙敌就曾指责他只不过是个饶舌的人：

> 为何他不喜欢规劝年轻人，而要去引起伊索克拉底和其他诡辩家的门徒的愤怒和仇恨呢？他肯定为自己的能力招来了深深的钦佩，这种做法始于他抛弃正当的营生，并与学生们一起收集各种律法、不计其数的宪法、关于领土的法律申诉，以及基于客观形势等诸如此类的原因而进行的上诉，情

愿……去了解并教授哲学、修辞学、政治学、农艺、美容术、开矿——以及那些为人所耻却又被称为不得已而为之的职业。

这样的指责夸大其词，并含有一些荒谬的错误：亚里士多德从未对美容术进行过多少研究。不过，这也值得思考。亚里士多德对"政治和农艺学"的研究给人留下深刻的印象，《政制》和《动物研究》都是出色的著作；但它们如何与**哲学**有关联呢？

亚里士多德于公元前384年出生在希腊北部城镇斯塔吉拉。很小的时候父亲就死了，由叔叔普洛克西诺养大，叔叔在阿特内斯有亲戚。关于亚里士多德的早期教育，没有记载；但由于出身于富有而又有学识的家庭，他无疑接受了出身良好的希腊人都会受到的文学和体育训练。公元前367年，十七岁的亚里士多德离开斯塔吉拉前往雅典，在那里他加入了柏拉图领导下的学园（Academy），与一群杰出的人一起工作和学习。在一部已遗失的著作中，亚里士多德讲述一个科林斯农夫如何碰巧读到柏拉图的《高尔吉亚篇》，如何"立刻放弃了农场和葡萄树，将灵魂付于柏拉图，在心灵中播种柏拉图的哲学"。这是一个故意编成故事的自传吗？也许年轻的亚里士多德曾在斯塔吉拉读到柏拉图的对话，并被哲学夫人（Dame Philosophy）所吸引。不管事实怎样，到雅典进入学园学习是亚里士多德的研究生涯中关键的事件。

与吕克昂一样，学园也是一个公共场所；而且，柏拉图办的学校并不比亚里士多德的更为先进。不过，这两个机构有些区别。柏拉图在学园附近拥有一片私有土地。他的讲课和讨论通常是不公开的。实际上，柏拉图的学校有些像一个相当排外的俱乐部。在公元前367年，亚里士多德获得了成员资格。

柏拉图本人并非一个博学者。他并不妄称自己拥有他最有

图 6　在庞贝古城发现的一幅镶嵌图案，大约是在公元前 100 年制作的，图中展示了柏拉图的学园。“学园主要是一个哲学学校……柏拉图鼓励其他人在其他学科中进行研究，他将希腊最有天赋的人都聚集在自己的周围。”

名气的学生那样的知识面。相反，他自己的研究或多或少地局限于在我们今天看来专属于哲学的领域——形而上学、知识理论、逻辑学、伦理学、政治理论。学园主要是一个哲学学校。不是因为柏拉图被罩上眼罩，忽略了其他学科。柏拉图鼓励其他人在其他学科中进行研究，他将希腊最有天赋的人都聚集在自己的周围。在学园里，数学肯定是要学的。柏拉图本人不是数学家，却对数学方法十分热衷；他给学生提数学问题并鼓励他们学习数学学科知识。学园里也可能学习自然科学知识。柏拉图的《蒂迈欧篇》包含对科学本质的思考，并且书中一位喜剧作家这样嘲笑学园里的年青人："在学园这一高级学校里，我听到一些荒谬、奇怪的辩论。他们在讨论自然，区分动物的种类、树木的类别和植物的物种——接着又试图发现南瓜是属于哪个种属的。"柏拉图对分类问题很感兴趣；这些问题对亚里士多德后来进行的生物学分类是有影响的。

另外，学园还提供了学习修辞学的地方。就是修辞学这个学科让亚里士多德第一次小有名气。公元前 360 年，他写了篇关于修辞学的对话体文章《格里乐斯》，并在这篇文章中攻击了重要修辞学家、公共教育家和专业批评家伊索克拉底的观点。攻击遭到尖锐的反击，而且这场争论远远超过修辞学理论的领域。伊索克拉底的一个学生瑟菲索多罗斯写了尖锐的长篇反击文章，这只是许多针对亚里士多德的论战文章中的第一篇。（瑟菲索多罗斯指责亚里士多德浪费时间去收集谚语——有证据表明到公元前 360 年，亚里士多德已开始他的汇编工作。）几年后，亚里士多德在他的文章《劝勉篇》中又再次谈到这场争论，为学园的理念辩护，驳斥伊索克拉底派的实用观点。伊索克拉底本人则在《交换法》中予以了回应。

与伊索克拉底派的论战并不意味着亚里士多德对修辞学本身的排斥，他一直对修辞学感兴趣。（请注意，亚里士多德赞扬伊索克拉底的文学风格时是足够诚实和相当大度的。）他论述《修辞学》的专题论著的初稿与《格里乐斯》和《普罗特里普蒂戈斯》不同，至今还保存完好；那可能是他在柏拉图学园求学初期写的，最后的修改润色则是晚年才完成的。修辞学和文学研究密切相关：亚里士多德写了一本历史批评的书《论诗人》和一本论文集《荷马问题》。这些研究也很可能是在学园期间进行的。这些著作表明，亚里士多德是个在文献学和文学批评方面非常严肃的学者；它们无疑为他的第三本书、关于语言和文体的专题论著《修辞学》以及阐述悲剧之本质的《诗学》作好了部分准备工作。

修辞学也与逻辑有关联——实际上，亚里士多德在《格里乐斯》中的一个主要观点就是，演说者不应使用优美的语言让热情的观众兴奋起来，而应该用完美的论证诉诸理智。柏拉图本人也对逻辑，或者叫做“辨证”，极感兴趣。学园的学者们沉湎于一种智慧训练课程，对给定的论文进行多种程式化的辩论。亚里士多德的《论题篇》就是在学园期间首先开始构思的。该书罗列了提倡年轻辩论者去使用的各种各样的辩论方式，并进行了评论。[希腊语单词 topos 的一种意义接近于“辩论形式”——于是就有了这个令人好奇的书名，《论题篇》(Topics)。]《论题篇》的一个附录“诡辩术”以目录的形式列举了许多谬论：一些是很愚蠢的，其他的则很深奥，这些辩论者将需要把它们识别出来并进行解析。

亚里士多德作为柏拉图学园中的一员在雅典待了二十年。公元前 347 年，柏拉图去世，亚里士多德离开雅典前往阿特内斯：他那时三十七岁，凭本身的头衔他是个哲学家和科学家。在这成长的二十年，他学会了什么呢？学园哲学的哪个方面影响了他，并促成了他以后的观点？

他热爱柏拉图，并在柏拉图去世时写了首挽歌称赞他是一个“邪恶的人无权去赞美的人；唯一一个或者说第一个凡人，用自己的一生和辩论课程清晰地证明，一个人可以在成为优秀者的同时获得快乐”。但是人们可以在爱一个人的同时反对他的观点。亚里士多德不是个柏拉图主义者。柏拉图主义的许多核心教义都在亚里士多德的专题论著中受到了强烈的批判；并且亚里士多德终其一生都在批评柏拉图。“柏拉图过去常常称亚里士多德为‘马驹’。这是什么意思呢？众所周知，马驹在吃饱奶后会踢母马。”古代批评家指责这只马驹忘恩负义，但这一指责很荒唐——没有哪个老师要求学生从感恩的角度赞成自己的观点。而且，不管亚里士多德是否接受柏拉图的核心理论，他肯定都深受其影响。我下面选取决定亚里士多德主要哲学思想的五点进行介绍，这五点使他变成一个哲学科学家，而非一个农业信息的收集者。

首先，柏拉图对各学科的统一性进行过思考。他把人类知识看做一个潜在统一的系统：在他看来，科学不是论据的胡乱堆砌，而是将论据组织起来形成对世界的连贯描述。亚里士多德也是一个系统的思想家，他完全同意柏拉图关于科学的统一理论；即便他在如何取得统一以及如何展示统一的方法上与柏拉图意见不同。

第二，柏拉图是个辩证学家。亚里士多德声称自己是逻辑学的先驱；无可争议的是，亚里士多德把逻辑变成了一门科学并创立了形式逻辑这一分支学科——亚里士多德，而非柏拉图，是第一个逻辑学家。但是，柏拉图在他的对话体文章——最显著地体现在《巴门尼德篇》和《智者篇》——和他在学园所鼓励的辩证练习中，都为亚里士多德发展逻辑学准

图 7 柏拉图的头像，“邪恶的人无权去赞美的人；唯一一个或者说第一个凡人，用自己的一生和辩论课程清晰地证明，一个人可以在成为优秀者的同时获得快乐”。

备了基础。他对逻辑的一些基本原则(比如命题的结构)进行了研究;并且他要求学生在辩论实践中进行自我训练。

其三,柏拉图关注本体论的许多问题。("本体论"是对形而上学的一部分的不实称谓:本体论者试图确定什么样的事物真正存在,构成世界的基本实体是什么。)柏拉图的本体论包含在他的理念理论或形式理论之中。根据该理论,最终的实在,即决定其他所有现实存在的物质,是抽象的一般性。不是单个的人,也不是单个的马——不是汤母、迪克或哈里;不是"萨瑞"、"巴巴利"或"布塞弗拉斯"——而是抽象的人或者说抽象人,以及抽象的马,或者说抽象马,构成真实世界的基本内容。这个理论很难理解,更别说被接受了。亚里士多德没有接受这个理论(一些人认为他没有理解这个理论),却在他的整个哲学生涯中一直受着该理论困扰,并多次(经常是令人丧气地)努力,以建立另外一种本体论学说。

第四,柏拉图认为科学知识就是探询事物的因或解释。在他看来,科学和知识的概念与解释密切相关;他讨论了可能给出的解释的类型以及在什么样的条件下现象可以也应该得到解释。亚里士多德延续了这一努力。他也把知识与解释联系起来。他的科学努力不仅指向观察和记录,而且最主要地指向如何进行解释。

最后一点,知识概念本身也提出了某些哲学问题:认识事物意味着什么?我们如何获得知识,或者说通过何种渠道我们逐渐认识世界?为何实际上我们假定能认识所有事物?解决这些问题的哲学通常被称为认识论(epistêmê是希腊单词,意思是"知识")。认识论对任何一个关注科学和各种学科知识的人都很重要;认识论理论至少部分地由本体论的一些问题决定。柏拉图对话体文章中有许多段落是讨论认识论的。在这一点上,亚里士多德也追随了老师的足迹。

知识必须是系统的、统一的。知识的结构由逻辑决定,它的统一性最后落脚在本体论上。知识本质上是解释性的。它会提出深层次的哲学问题。所有这些以及其他更多知识都是亚里士多德在学园里学到的。不管与柏拉图在对这五个问题的具体解释方面如何相左,他在总体原则上与柏拉图仍是一致的。在接下来的几章里,我将简要地介绍亚里士多德关于这些问题的观点。在简介结束时,我们就有可能明白为何亚里士多德不仅是个论据的收集者,即为何他是个哲人科学家。

第六章

学科的结构

希腊最发达的学科是几何学——实际上，欧几里得在好几个世纪中都是几何学的代名词。尽管欧几里得的著作是在亚里士多德死后完成的，但欧几里得是以前人的研究为基础的，前辈们已经对后来成为欧几里得几何学之显著特征的问题进行了思考。总而言之，欧几里得几何学是一个公理化的演绎系统：他选取一些简单原则，或者说公理，假设这些公理是他所研究主题中的基本原理；通过一系列极有说服力的逻辑演绎，他从这些公理中推导出所有其他几何原理。因此，几何由推导原理（或称为定理）和基本原理（或称为公理）组成。每个定理都在逻辑上由一个或多个公理推导而来，尽管经常要通过一系列冗长而复杂的推理获得。

由公理进行推导的系统——这一概念很简洁，具有智力上的吸引力。柏拉图就受到了吸引，并且提出，人类知识的整体可能是以某种方式由一个单一的公理系统推导而来的：所有科学定理可能都是由一小组基本原理逻辑推理而来的。因此，知识是系统的、统一的——说它是系统的，因为知识可以以公理的形式呈现；说它是统一的，因为所有原理都能从单个的一组公理中推导出来。

公理化的力量对亚里士多德造成的印象不比柏拉图浅；但

他不相信柏拉图乐观的断言:所有知识都能建立在单一一组公理之上。因为他脑海里留有同样深的印象:各学科很显然是相互独立的。数学家和医生、生物学家和物理学家在不同的领域工作,讨论不同的对象,采用不同的方法。他们的学科很少交叉。不过,亚里士多德还是觉得需要系统性:即便人类知识不是统一的,它也不是相互毫无关联的多元体。“从一方面来看,不同事物的因和法则不同;但从另外一方面来看,如果论起一般性并用类推的方法,它们又是相同的。”几何公理与生物法则相互独立,他们是在“类推上”相同的;也就是说,所有学科的概念组织和形式结构是相同的。

亚里士多德把知识分为三大类:“所有思想要么是实践性的,要么是生产性的,要么是理论性的。”生产性科学是关于制造物品的知识,如美容术和农业耕作、艺术和工程技术。亚里士多德本人对生产性知识没有多少要阐释的。《修辞学》和《诗学》是他留传下来仅有的两本关于生产性知识的书。(“诗学”这个词在希腊语里是 poiêtikê,该词在“生产性科学”短语中被翻译成“生产性”。)实践性科学主要关乎行动,或更确切地说是关于我们在不同环境下,不管是私人事务还是公共事务中应如何行动的知识。《伦理学》和《政治学》是亚里士多德对实践性科学的主要贡献。

当知识的目的既不是为了生产也不是为了行动,而仅仅是为了讨论真理时,就是理论性知识。理论知识包括我们现在认为是科学的所有知识;在亚里士多德看来,它显然地包含了人类知识总和的最大部分。它可细分为三类:“理论哲学有三类——数学、自然科学和神学。”和柏拉图的其他学生一样,亚里士多德十分通晓同时代的数学;《形而上学》的第十三和第十四卷就是对数的本质的敏锐论述;但他不是一个专业数学家,也不妄称对该学科有过推动作用。

自然科学包括植物学、动物学、心理学、气象学、化学和物理学。(我译做“自然科学”的希腊语是phusikê,该词经常被错误地音译为“物理学”。亚里士多德的《物理学》就是关于自然科学的专题著作。)亚里士多德认为自然科学的研究对象有两大特征比较突出:它们能够变化或运动(不像数学的研究对象是静止不变的);它们“个别地”存在或以自身的名义而存在。(第二点将在以后的一章中详细探讨。)亚里士多德一生的大部分时间都致力于对这些对象的研究。

不过,自然科学并非科学之最。“如果除了自然物质之外没有其他物质,自然科学就是基本科学;但如果存在毫不变化的物质,研究这类物质的科学就要优先,就会成为第一位的哲学。”亚里士多德赞同柏拉图的观点,认为存在这种不变的物质,并称这样的物质为神性物质。对这类物质的研究也许就被称为神学,或神性物质科学。神学比自然科学要更高级:“理论科学比其他科学更优越,而这门理论科学又比其他理论科学更优越。”但是“神学”这个词应该谨慎解释:我将在后面的一章里对亚里士多德的神性稍作阐释;这里说一点就够了:他通常把神性物质等同于天体部分,因此“神学”可能是天文学的一个分支。

有两样亚里士多德极为关注的事物似乎没有纳入他的分类网络:形而上学和逻辑。它们应被放在科学系统的什么位置呢?两者似乎都是理论科学,亚里士多德在某种意义上认为它们都与神学一样。

按亚里士多德的说法,“有一种科学,它研究的是作为存在的存在物(beings qua being),以及以自身的名义归属于某类存在的事物”。(这一科学常被等同于形而上学,或至少等同于形而上学的一个主要部分;亚里士多德在《形而上学》中对之进行了研究。可是亚里士多德从不使用"形而上学"这个术语,"形而上学"这个书名从字面意义来看,是指"自然科学的后续科学"。)短语"作为存在的存在物"有种吸引人的神秘光环,许多学者猜测它指的是某种深奥而抽象的东西。[这种猜测得到一种常见的误译的支持:亚里士多德的表述被译为单数,成了"作为存在的存在"(being qua being)。]实际上,亚里士多德所指的事物既不抽象也不深奥。"作为存在的存在物"并非一种特殊的存在等级或类别;事实上根本不存在"作为存在的存在物"。当亚里士多德说"有一种科学研究的是作为存在的存在物"时,他指的是有一种科学研究存在物,并且作为存在而研究它们;也就是说,有一种科学研究存在的(exist)事物[并非被称为"存在"(being)的某种抽象物],并作为存在(existing)而研究它们。

"作为"(qua)这个小词在亚里士多德的哲学中起着重要作用。该词并不神秘。《米卡多一家》中的总管大臣身兼数职,同时担当财政大臣和柯柯的私人秘书。他在不同职位上有不同的态度。作为财政大臣,他力劝柯柯和新娘举办一个节俭的婚礼;而作为一个私人秘书,他则建议大肆挥霍。他**作为**财政大臣或身肩财政大臣的职务,却又**作为**私人秘书或身肩秘书的角色做同一件事。在前一情形下,他的建议是出于国家的角度,而在后一种情形下,他的建议则是出于不同的考虑。相类似地,作为存在物(existent)而研究某物就是研究该事物中与其**存在**(exsting)有关的特征——而非其他任何方面的特征;要在它"身肩存在的职务下研究它。每个不研究虚构物的人都在研究"存在物"(beings),即存在的事物;研究"作为存在的存在物"的学者研究的是存在物的如下特征:由于存在物存在的事实而隶属于存在物的特征。

对“作为存在的存在物”的研究因此是极为宽泛的:所有存在的事物都在研究范围之内(比较一下昆虫学或音位学,各自研究昆虫和语音),所研究的特征绝对是每个事物(每个昆虫或每个音)都必须具有的特征。(因此《形而上学》的第十卷讨论的是成为**一个**事物意味着什么。**每样事物**都是**一个**事物;相比之下,只有一些是单翅的或辅音的。)亚里士多德在《形而上学》的各卷中展开这种高度概括的研究。他的几部逻辑学作品,现存的和遗失的,也都进行了这种研究。

在亚里士多德看来,既然这种对“作为存在的存在物”的概括研究是第一位的哲学,因此它与神学是一样的。这很奇怪:我们也许要问,研究所有事物的科学怎么会等同于只研究某类具有高度优先性的事物的科学呢?亚里士多德预料到会有这样的问题。他提出,神学“因为是第一位的,所以是普遍的”。他似乎是指,如果你研究其他所有实体都赖以存在的第一位物质,那么你就无形地在研究**所有**作为存在的存在物(existents qua existent)。不是每个人都认为这个说法有说服力;并且亚里士多德所说的第一位哲学有时被认为由两个截然不同的部分组成:一个是普通形而上学,研究作为存在的存在物;一个是特别的形而上学,研究事物的原则和原因。

至于逻辑,后来的哲学家就其在各学科中的地位和位置争论不休。一些人认为逻辑是哲学的一个“部分”——一个与数学和自然科学并列的分支学科。其他人,包括亚里士多德的追随者,则极力主张逻辑是哲学的一种“工具”——为哲学家和科学家所用,但其本身却不是他们研究的对象。(希腊语表示“工具”的单词为organon:这就是为何后来的亚里士多德派把亚里士多德逻辑学作品冠以《工具论》的总体书名。)还有些哲学家则更有说服力地主

图 8“亚里士多德本人在对事物进行分类时没有讨论逻辑的位置。”在文艺复兴时期，逻辑有时被视为亚里士多德哲学花园里智慧树的主根。

张逻辑既是哲学的一个部分，也是哲学研究的工具。

亚里士多德本人在对事物进行分类时没有讨论逻辑的位置。他主张，研究作为存在的存在物的学者会研究“被数学家称做公理的事物”或者“演绎的第一原则”；“因为它们属于存在的万物，而不是属于某个特定的、独立于其他事物的物类”。他还认为，逻辑学家“采用的形式与哲学家一样”，或者说讨论事物的范围与第一位哲学的研究者讨论的一样。毕竟，作为一种完全概括性学科的逻辑学，大概应该归类于形而上学或归类于研究作为存在的存在物的学科。但是在很多段文字中亚里士多德似乎在暗示：逻辑学不能这样归类；实际上，他在说逻辑学家“采用的形式与哲学家一样”时，随后立刻又补充说，然而他从事的是一个不同的领域。

亚里士多德所认为的人类知识结构可以用下图表示：

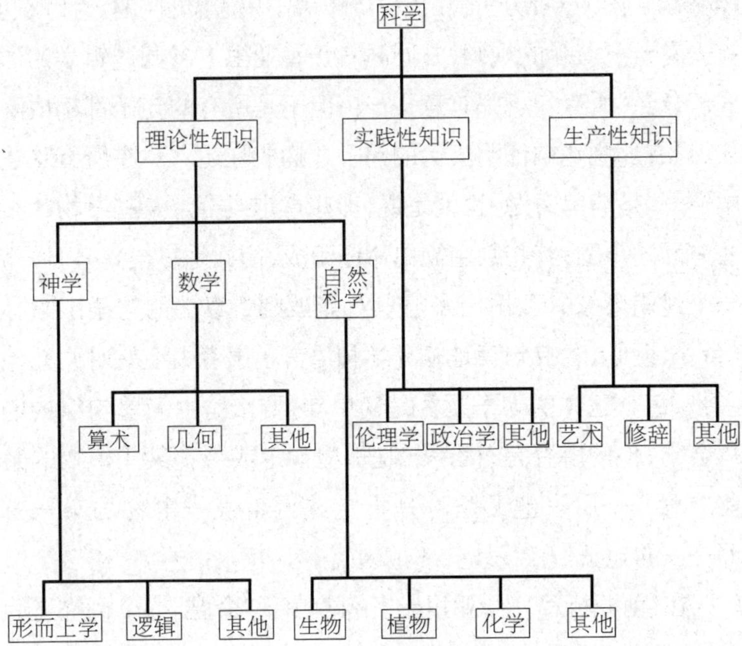

第七章

逻辑学

科学——至少是理论性科学——是要公理化的。那么它们的公理又是什么呢？一个命题必须要满足什么样的条件才能被视做公理呢？还有，每个学科里进行推导时要采用什么形式？定律由公理推导要通过什么样的规则？这些都是亚里士多德在他的逻辑学作品，尤其是在《前分析篇》和《后分析篇》中提出的问题。让我们首先看一下演绎的规则，并同时看一看亚里士多德逻辑学的形式部分。"所有句子都有意义……但不是所有的句子都构成陈述：只有那些能被证明真伪的句子才构成陈述。""在所有陈述中，一些是简单命题，也就是说，那些肯定或否定某些事物的某些方面的命题；有些则由简单命题组成，因此是复合句。"作为一个逻辑学家，亚里士多德只对能被判断真伪的句子感兴趣（命令、疑问、劝戒句等是修辞学和语言学学者关注的对象）。他主张，每个这样的句子要么是简单句，要么是由简单句组成的复合句；他的解释是，简单句是那些肯定或否定某些事物的某些方面——后来他又坚称是肯定或否定某一事物的某一方面——的句子。

在《前分析篇》中，亚里士多德使用了"命题"这个词描述简单句，并使用"项"来描述凸显部分。因此，一个命题肯定或否定某物的某个方面，某物和某个方面就是它的两个“项”。被肯定或否定的事物叫做命题的谓项；由谓项肯定或否定的事物被称为命题的主项。亚里士多德逻辑学关注的所有命题要么是一般性的，要么是特定的；换句话说，它们肯定或否定一个谓项做某一类的全部项、某一项或某几项。因此，在命题“每个胎生动物都是有脊椎的”中，“有脊椎的”是命题的谓项，短语“胎生动物”是主项；命题肯定了谓项对主项的描述——而且所有的主项都具有谓项的描述内容。同样地，在命题“一些卵生的动物不是有血的”中，“有血的”是谓项，“卵生的动物”是主项；命题否定某些主项具有谓项内容。很容易看出，亚里士多德的逻辑学准确地说在关注四种命题：完全肯定命题，肯定所有某个事物的某方面；完全否定命题，否定所有某个事物的某方面；个别肯定（特称肯定）命题，肯定某类型中某些事物的某个特征；个别否定（特称否定）命题，否定某类型中某些事物的某个特征。

此外，命题还有各种不同的语气：“每个命题表达的或者是某物具有，或者是某物必然具有，或者是某物可能具有。”因此，命题“一些枪乌贼可长到三英尺长”肯定的是，**一码**[①]**长**实际上对一些枪乌贼而言是真实的。命题“每个人必然是由肉、骨等构成的”是说，每个人都必然具有**肉身**——如果不是由肉、骨等构成的就不能称其为人。“可能的是，没有马睡觉”说的是，**睡觉**可能不是马的行为——每个马都可能一直保持醒着的状态。这三种语气或“模态”被称为（尽管不是被亚里士多德称为）“断言”、“绝对”和“模糊”。

总之，那就是亚里士多德对命题性质的描述，这在《分析》[②]

① 一码等于三英尺。——编注

② 指《前分析篇》和《后分析篇》。——编注

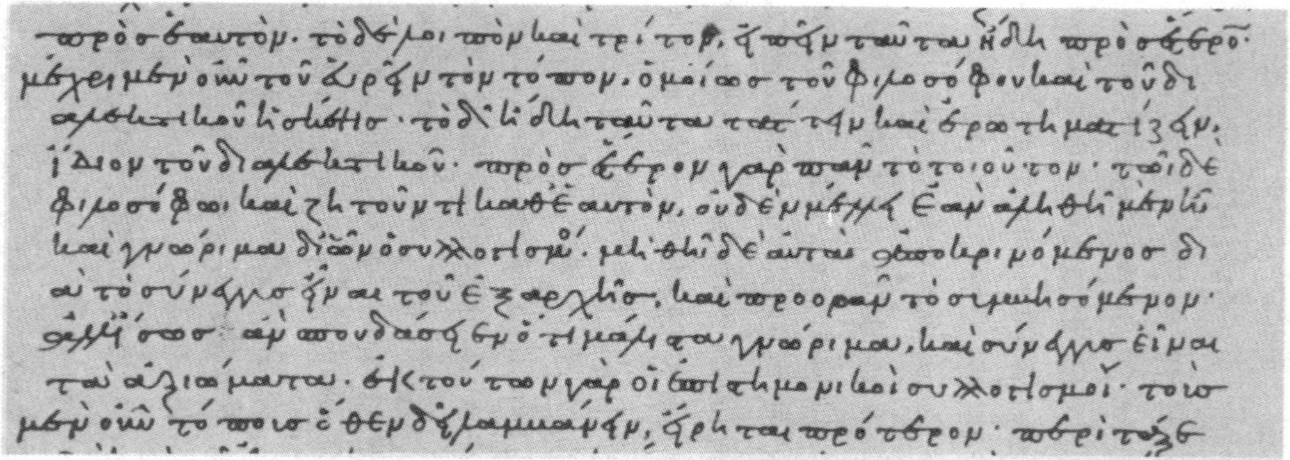

图 9“哲学家肯定会迫切地去获得与研究问题有关的已知公理；因为科学三段论正是建立在这些公理之上的”(《论题篇》,第 155 页 14–16 行)。这里展示的手稿是由修道士伊弗里姆于公元 954 年 11 月写的。

中可以找到。所有命题或者是简单命题,或者是由简单命题构成的复合命题。每个简单命题包含两个项:谓项和主项。每个简单命题或者是肯定,或者是否定;或者是一般性的,或者是特定的。每个简单命题或者是断言的,或者是绝对的,或者是模糊的。

《分析》中的观点与短文《论解释》的并不完全一样,亚里士多德在《论解释》中详细探讨了简单命题的性质和结构。作为一种观点,它受到各种各样的反对。**所有的**命题都是简单命题或是由简单命题组合成的复合命题吗?比如,“人们现已知道的是,章鱼的最后一根触须是分叉的”这个句子肯定是个复合命题——它其中的一部分包含了命题“章鱼的最后一根触须是分叉的”。但它不是由简单命题构成的复合命题。它由一个简单命题构成,这个命题前加了“人们现已知道的是”,而这个前缀不是命题。还有,所有的简单命题都只由两个项组成吗?“下雨了”就很简单。但这个句子包括**两个**项吗?还有,“苏格拉底是人”是什么类型的命题呢?这个句子当然包含了一个谓项和一个主项。但它既不是一般性命题,也不是特定命题——它不是在说“全部”或“一些”苏格拉底的任何情况;毕竟,“苏格拉底”这个名字不是个一般词,因此(正如亚里士多德本人所说)“所有”和“一些”这样的词不适合本句。

最后,再来看这样一些句子:“奶牛有四个胃”、“人一次生产一个后代”、“牡鹿每年脱落一次鹿角”——这些句子构成亚里士多德生物学作品的内容。**每个**奶牛都有四个胃是不正确的——也有畸形的奶牛有三到五个胃。然而作为生物学家的亚里士多德并非想说,**一些**奶牛恰巧有四个胃,更不是说大多数奶牛有四个胃。相反他想说的是,**每个**奶牛在自然状态下有四个胃(即使由于出生时发生意外,一些奶牛实际上没有四个胃)。亚里士多德强调,在自然状态下许多事物"大部分地"有效;并且他认为自然科学的大部分事实都可用这样的句子形式表达:在自然状态下,所有某某某某都这般这般,即如果某某某某大部分都这般这般,那么这个句子就是正确的。但是那种形式句子的确切结构又是怎样的呢?亚里士多德极力思考这个问题,却没有找到满意的答案。

亚里士多德在《前分析篇》里提出的逻辑体系是以对命题性质的描述为基础的。他所考虑的论点都由两个前提和一个结论组成;这三个成分每个都是一个简单命题。逻辑学是一门概括性分支学科,亚里士多德想概括地处理所有(他所描述的各类)可能的论点。但是论点无限多,没有什么专题论文能够对所有论点进行分别论证。为了获得概括性,亚里士多德引入一种简单的方法。不用特定的词——"人""马""天鹅"——来描述和突出论点,他使用字母 A、B、C。不使用真正意义上的句子,比如"每个章鱼有八根触须",他使用准句子或逻辑式,比如"每个 A 是 B"。使用字母和逻辑式可使亚里士多德高度概括地进行论述;因为如果一个逻辑式为真,那么这个逻辑式里每个特定的情形都是真值。比如,亚里士多德需要表明:我们从"一些海洋生物是哺乳动物"可推断出"一些哺乳动物是海洋生物",从"一些男人是希腊人"可推断出"一些希腊人是男人",从"一些民主政权不是自由的"可推断出"一些非自由政权是民主的",等等——他是想表明(按专业的说法):每个特定的肯定性命题都可以进行转换。他实现这种转换,是通过对逻辑式"一些 A 是 B"进行思考,并证明可以从该逻辑式推断出相应的逻辑式"一些 B 是 A"来做到的。如果那样证实该逻辑式是正确的,那么就可以一次性地证明,那种逻辑式无限多的情形都是正确的。

亚里士多德创造性地使用了字母。现在，逻辑学家对这一创造十分熟悉，不假思索地进行应用，他们或许已忘记这样的发明是多么了不起。《前分析篇》常常使用字母和逻辑式。因此，亚里士多德描述并认可的第一类论点就是通过字母进行表述的："如果 A 断定每一种 B，并且 B 断定每一种 C，那么 A 必然断定每一种 C。"在这种形式的论证里，所有三个命题（两个前提和一个结论）都是一般性的、肯定的、断言的。举个例子："每个呼吸的动物都有肺；每个胎生动物都呼吸；因此每个胎生动物都有肺。"

在《前分析篇》的第一部分里，亚里士多德考虑了所有简单命题的可能组配，并确定了从哪些组配中可以推出第三个简单命题、哪些组配不能得出结论。他将组配分为三组，或称为三"格"[①]，以一种严密而有序的方式展开讨论。根据一种固定的形式进行组配，亚里士多德用符号表示每一组配，并从形式上证明可能得出什么样的结论（如果能得出的话）。整个叙述被认为是第一篇形式逻辑学论文。

《前分析篇》中的逻辑理论被称为"亚里士多德的三段论法"。希腊单词 sullogismos 被亚里士多德解释如下："一个三段组合就是一个论点：某些事物被假定，与这些假定事物不同的事物根据被它们自身证明为正确的事实而必然出现同样的结论（假定）。"《前分析篇》的理论是一种三段演绎法—— 一种我们或许会称为演绎推理的理论。

亚里士多德对自己的理论作过很多重要的断言："每个证

① 即三段法的格。——译注

明和每个演绎推理（三段演绎）必定要通过我们所描述的格才能产生”；换言之，每一个可能的演绎推理都可以被证明，是由亚里士多德所分析过的论点中的一种或多种依次排列构成的。实际上，亚里士多德是在断言他已创立了一套完整而完美的逻辑学；他还提出了一个复杂的论点来支持自己的断言。该论点是有缺陷的，因而他的断言也是错误的。而且，该理论沿袭了命题描述方面的缺点，而命题描述正是该理论的基础——此外它本身还包含许多内在的不足。然而，后来的思想家对亚里士多德的阐释力如此折服，以至于一千多年来亚里士多德的三段论演绎法一直被教授着，就像是其中包含了逻辑真理的精华。不管从哪一方面来看，《前分析篇》——开创逻辑学的第一次尝试——确实是一部杰出的天才之作。其行文优美而有条不紊，其论点有序、清晰而严密，并且实现了很好的概括性。

第八章
知识

《前分析篇》所探讨的逻辑学适用于从一个学科的公理推导出该学科的定律来。《前分析篇》主要是研究公理本身的性质，并进而研究公理化演绎科学的概括性形式。《后分析篇》却以一种令人惊讶的程度独立于《前分析篇》所提出的三段论理论：不论对这个事实有怎样的解释，它有个令人愉快的结果——亚里士多德推理理论的缺陷并没有被他的公理化理论全盘继承。

亚里士多德对公理性质的描述建立在他对知识性质的见解上；因为一门科学的目的就在于把我们对该门学科内各种主题的知识系统化，其中的公理和定律因此必须是已知的命题并且要满足基于知识之上的条件。据亚里士多德所说，“我们认为我们了解某事物（在绝对意义上，而非似是而非地或意外地），是当我们认为我们既知道该物之所以成为该物的原因（并知道那就是它的因），又知道该事物不可能成为他物的时候”。如果一个动物学家首先知道为何奶牛有四个胃（知道奶牛有四个胃是因为某种事实），并且知道奶牛必须有四个胃（不仅仅是碰巧有四个胃），那么他才算知道奶牛有四个胃。这两个基于知识之上的条件统领着亚里士多德《后分析篇》中研究公理科学的整个方法。

第一个基于知识之上的条件是因果关系条件。“原因”这个词必须以一种宽泛的意义来理解：它译自希腊语单词 aitia，一些学者更倾向于把它译做“解释”。引证某物的“原因”就是在解释该物为何如此。

因果关系的条件与其他多种要求相关联，这些要求是任何一个学科的公理都必须满足的。

> 如果认识是我们已规定的东西，那么结论性的知识必须建立在那些真实的、第一位的、直接的、比推论更为人所知更优先并成为推论的原因的事物之上；因为这样一来，原理才适用于要证明的事物。也可能没有这些条件而产生一个推论，但没有这些条件就不会有证明；因为它不会产生知识。

结论性知识的原理或出发点是该学科所赖以建立的那些公理；亚里士多德的总体观点是：如果原理和公理所基于的系统想要成为一门学科、一个知识系统，这些原理和公理就必须满足某些必要条件。

很显然，这些公理必须是正确的。否则它们就既不能为人所知，也不能为我们对定律的了解提供基础。同样显然的是，公理必须是“直接的和第一位的”。否则就会有比它们还居先、能推导出它们的真理——这样，它们就全然不能成为公理或原始原理。还有，就我们的定理要依赖公理而言，说公理必然比定律“更为人知”是合理的。

亚里士多德列举的最后一个条件是，公理必须“比推论更优先并成为推论的原因”，正是这一点与他对知识本质的描述最直接相关。我们关于定律的知识建立在这些公理之上，并且知识涉及对原因的理解：因此，公理必须陈述终极原因，为定律所表达的事实提供解释。一个读公理化学科的人，如果由公理开始，然后逐步读后来的定理，他实际上就是在阅读一大串因果相连的事实。

乍一看，因果关系条件显得很古怪。为何我们认为认识某物需要认识其原因？我们真的知道很多事实却对其原因一无所知？（我们知道通货膨胀发生了，但是经济学家却不能告诉我们为何会发生通货膨胀。我们知道第二次世界大战在1939年爆发，但是历史学家却对战争的原因争论不已。）而且，因果关系条件似乎有往回无限寻找原因的危险。假定我知道X；那么，根据亚里士多德的理论，我必然知道X的原因，称之为Y。接下来，似乎可以推论我必然也知道Y的原因；如此向前，没有止境。

亚里士多德对这些问题中的第二个进行了明确讨论。他认为，有些事实从原因上来讲是原始的，或者说除了其自身之外没有别的原因；他有时这样表述：这些事实是自为因果关系或不需解释的。奶牛为何有角？因为它们牙齿上有缺陷（这样，构成牙齿的物质用于长角了）。它们为何在牙齿上有缺陷？因为它们有四个胃（这样它们就可以消化未咀嚼的食物）。它们为何有四个胃呢？因为它们是反刍动物。那么，奶牛为何是反刍动物？仅仅因为它们是奶牛——除了它们是奶牛之外，没有进一步的特征可以解释为何奶牛是反刍动物；一头奶牛是一个反刍动物的原因就在于它是一头奶牛。

奶牛是反刍动物的事实是无须解释的。亚里士多德常说这种无须解释的事实是定义或定义的组成部分；所以学科的公理大部分都是由定义构成的。定义在亚里士多德看来不是对某个词意义的陈述。(奶牛是反刍动物不是单词“奶牛”的释义部分；因为我们知道“奶牛”这个词的意义远早于我们知道奶牛是反刍动物。)相反，定义陈述一个事物的本质，即那个事物之所以成为该事物的特征。(奶牛是反刍动物这一点是奶牛的基本特征的一部分；成为奶牛就是成为某种反刍动物。)一些当代哲学家已拒绝了——还嘲讽——亚里士多德的本质论。但是亚里士多德证明了自己是更优秀的科学家；因为科学努力的一个内容就在于用物质和事物的基本特性——换句话说，用它们的本质——来解释它们的不同特征和反常表现。亚里士多德的公理化学科由本质开始，然后逐次地解释衍生特征。比如，动物生物学定律要表述动物的衍生特征，由公理演绎定律的过程会展示这些特征是如何依赖相关本质的。

但是所有的知识都必然具有这样的因果或解释关系吗？尽管亚里士多德正式的观点是“我们只有认识其原因时才算认识事物”，他经常和我们一样，在原因没有被注意到的时候，使用“认识”这个词。并且，亚里士多德在声称知识总有因果关系时肯定是错误的。但是，若仅仅痛惜其错误、然后又把错误传递下去，无疑是短视之举。亚里士多德与之前的柏拉图一样，主要关注一种特殊的知识——我们可以称之为科学理解的知识；声称科学理解要求对事物的因有所认识，这一主张是可以接受的。尽管我们可能说不出为何发生通货膨胀同时又十分清楚地知道发生了通货膨胀，但我们只有理解其原因才能声称理解了通货膨胀现象；经济学在能够提供这样一种因果理解之前是不完善的。从词素学上理解，亚里士多德对“知识”的定义是错误的；

但若理解为对科学研究之性质的评论，该定义则表达了一个重要的真理。

因果关系条件就讲到这里。亚里士多德在对知识的描述里提出的第二个条件是，已知的事物必定是必然的事实：如果你知道某物，那么该物不可能是其他事物。亚里士多德在《后分析篇》里阐述了这一点。他将这一点与以下论点联系起来：只有普遍命题才能为人所知。他推论说，"从这样一个证据得出的结论必定是永久性的——关于事物的证据或知识是不会被破坏掉的"。

必然性条件和它的两个推论似乎比因果条件还要怪异。我们肯定知道一些只在一定条件下正确的事实（比如，世界人口在增长），并知道一些特定事实（比如，亚里士多德生于公元前384年）。而且，许多学科似乎认同这样的知识。比如，天文学研究的是特定对象——太阳、月亮和星星；这与亚里士多德在《气象学》里所研究的地理学相类似，并且尤为明显的是，与历史学相类似。亚里士多德的确认为，天文学研究的对象是不会毁灭的、永恒的。他同时认为，"诗歌比历史更具哲学色彩、更严密，因为诗歌倾向于描写普遍的事物，历史则关注特定事物"。（换言之，历史不具有完全的科学地位。）但是，这也改变不了一个事实：一些科学明确地研究特定事物。

此外，亚里士多德认为（我们不久将会看到）世界的基本实体是可毁灭的特定物质；如果他被迫得出观点，认为不存在关于这些基本物质的基本知识，那就自相矛盾了。不管怎样，亚里士多德从必然性条件推断出知识必定是关乎永恒物质的，这样的推断是错误的。一个普遍的也许还是必然的真理是：人类的父母本身也是人（就像亚里士多德所说的，"人生育人"）。你也许会说这是个永恒真理——至少一直是对的。但那不是一个关于永恒物质的真理：这是一个关于终有一死的、可毁灭的人的真理。而且，亚里士多德本人在一段复杂的论述的结尾总结道："说所有知识都是普遍的……在某种程度上是对的并且在某种程度上又不对……很明显，知识在某种程度上是普遍的，同时在某种程度上又不是普遍的。"因此，他承认"在某种程度上"存在着关于特定事物的知识；因而我们必须把必然性条件的第二个推论作为一种错误而摒弃。

至于第一个推论，我已说过，在亚里士多德看来，科学定律并不总是普遍而又必然地正确：有些定律只是"大部分"正确；"大部分"正确和一直正确之间的区别很明显。"所有的知识或者是关于一直正确的事物的，或者是关于大部分正确的事物的（若非如此，人们又如何能学习知识或向他人教授知识呢？）；因为知识必然取决于一直正确的或者大部分正确的事物或原理——比如，蜂蜜水大部分对发烧的人有好处。"亚里士多德关于科学命题必然是普遍的这一断言，据他自己承认，是夸大其词。必然性条件本身也是这样。

科学追求普遍适用性；为了理解特定的事件，我们必须把它们看做某种普遍事物的组成部分。亚里士多德的观点，即知识只关乎那些不可能成为他物的事物，就是这种重要事实的反映。但是这是一个被歪曲的反映，并且《后分析篇》里所规定的必然性条件过于严格了。

第九章

理想与成就

亚里士多德是作为一个系统的思想家为人所知的。不同的科学既是独立的,又是系统地相互关联的。每一个单个学科都是以公理体系的形式——就像后来的哲学家所说的那样,“以几何的方式”提出和表述的。而且,亚里士多德的学科概念赖以栖身的那组观念本身就得到了系统的研究和整理。也许这没有什么令人惊讶的。毕竟,哲学的本质就在于系统性;并且亚里士多德的系统——他的世界“图景”——许多世纪以来一直被人赞赏和称道。

然而,也有一些学者对亚里士多德的这种观点持有异议。他们否认他是个系统的构造者。由于不相信系统哲学的宏伟断言,他们认为亚里士多德的优点在其他方面。在他们看来,亚里士多德的哲学实质上是“难题解答式的”:它的精髓在于提出特定的困惑或难题(aporiai),并提出特定的解决方法。亚里士多德的思想是试探性的、可变通的、不断变化的。他没有设计一个宏大的方案,然后往里面填写细节;他也没有向着单一的目标使用单一的方法。相反,细节就是全部;并且论证方法和模式也随着所解释主题的变化而不断地变化。亚里士多德的论证是逐项完成的。

这种对亚里士多德思想的非系统性解释现在被广泛接受。有很多证据可用以支持这一解释。比如,《形而上学》第三卷就有一长串的难题目录,并且该书的其他内容大都用于解答这些难题。或者考虑一下这段引文:"此处,像别处一样,我们必须记下各种现象,首先仔细检查这些难题,然后我们必须验证关于这些问题的著名观点——可能的话就验证所有的观点,否则就验证大多数和最重要的观点。"首先记下关于该问题的主流观点("各种现象",或"似乎如此的事物",是指关于该主题的可信观点);然后仔细阅读这些观点所提出的难题(因为这些难题也许很模糊,或者因为它们相互不一致);最后证明所有或者大部分观点是正确的。这不是系统构建的处方;不过,这是亚里士多德推荐并有时遵循的方法。

此外,这种难题解答式说法似乎恰当解释了亚里士多德著作的一个方面,该方面如果按照传统方法来解释肯定会令人困惑。亚里士多德关于学科的专题论述从来不是以公理化形式呈现的。《后分析篇》中所给出的解答并没有在后来的著述,比如《气象学》和《动物结构》中得到遵循。这些专题论述没有先确定公理,然后接着推导定律;相反,它们提出并试图回答一系列相互关联的问题。按照传统观点,这些专题论述看起来一定——说句自相矛盾的话——完全不是亚里士多德式的了:所鼓吹的系统在这里完全不明显了。按照难题解答式说法,这些著述反映了亚里士多德哲学的精髓:他偶尔对系统化进行的思考不可太当真——它们只不过是对柏拉图式学科概念的礼仪性姿势而已,并不能证明亚里士多德自己的根本信念。

不可否认的是,亚里士多德的许多专题论述在风格上大部分都是难题解答式的——它们讨论问题,并且逐项讨论。同时

图 10 1996 年发掘的吕克昂遗址。“吕克昂不是私立大学：它是个公共场所——是一座圣殿、一所高级学校。一个古老的传说是这样的：亚里士多德上午给学生授课，晚上则给一般公众作讲座。”

不可否认的是，这些专题论述在公理化推导方法方面内容很少，甚至没有。但是，这并不是说亚里士多德实质上不是个系统的思想家。在《后分析篇》中所阐释的学科理论，不能被当做一种不相关的古董、一次对柏拉图灵魂的屈膝而加以拒绝。在这些主题论述里有这么多关于系统化的暗示，以致对难题的解答不能被看做亚里士多德科学和哲学研究中最首要的事情；并且——值得强调的一点是——即使对单个问题进行的逐项讨论，也通过研究和回答这些问题的共同概念框架而获得了思维上的统一。系统化不是在专题论述里实现的，而是在其背后存在的一种理念。

那么，关于亚里士多德著作的非系统化特征我们又有什么要说的呢？第一，不是所有的亚里士多德专题论述都是科学著作：许多是关于科学的著作。《后分析篇》就是一个恰当的例子。该专题论述不是公理化陈述，但它是一个关于公理化方法的专题论述——它关心的不是科学的发展，而是分析发展科学的方法。此外，《物理学》和《形而上学》的许多部分都是关于我们所称的科学之基础的论文。我们不应指望，关于科学之结构和基础的作品本身就体现出学科内作品应有的特征。

但是，亚里士多德那些真正的科学作品所具有的"难题解答式"特征又该如何解释呢？比如，为何《气象学》和《动物结构》没有按公理化方式表述呢？答案很简单。亚里士多德的系统是为精致的或完整的科学所进行的一个设计。《后分析篇》没有描述科学研究者的活动：它确定了对研究者的研究结果进行系统化组织和呈现的形式。亚里士多德所了解、所推动的科学不是完整的，他也不认为它们是完整的。也许他有过乐观的时刻：古罗马的西塞罗称"亚里士多德指责那些认为哲学已经被他们完善的老哲学家们，说他们要么非常愚蠢，要么非常自负；但他本人能够看出，由于短短几年内取得了巨大进展，哲学可能会在很短的时间里得到圆满地完善”。但事实上，亚里士多德从未吹嘘说完善了知识的任何一个分支——也许除了逻辑学之外。

亚里士多德所述足以让我们看到，在一个理想的领域里，他本可以如何表述并组织他辛勤积累起来的科学知识。但是他的系统化方案是为一个完整的科学而准备的，他本人在世时并未发现所有知识。由于这些专题论述并非对成熟学科的最终表述，我们不应期望在它们之中看到一系列按序展开的公理和推论。因为这些专题论述最终是要表达一门系统学科，我们可以期待它们能显示出如何实现这样的系统。这正是我们所发现的：亚里士多德是个系统的思想家；他幸存下来的专题论述展现的是其系统的一张局部的、未完成的草图。

第十章

实在

科学是讨论真实事物的。这就是科学是一种知识而非幻想的原因。可是什么样的事物是真实的呢？科学必须关注的基本物质是什么呢？这就是本体论要研究的、亚里士多德予以极大关注的问题。他讨论本体论的一篇论文《范畴》写得相当清楚；但是他的本体论思想大部分体现在《形而上学》和那部模糊著作的一些最模糊部分中。

“现在和过去一直被提出并一直困扰人们的问题是：什么是存在？也就是说，什么是物质？”在简述亚里士多德对这个问题的答案之前，我们必须就这个问题本身进行提问。亚里士多德追求的是什么？他说的“物质”是什么意思？这个初步问题最好通过迂回的方式来解答。

《范畴》关注的是谓项的分类（亚里士多德使用 katêgoria 来表示“谓项”）。考虑一下某个特定的主题，比如说亚里士多德本人吧。我们能问各种各样有关他的问题：他是**什么**？——他是人，是动物，等等。他的**特质**是什么？——他是脸色苍白的、聪明的，等等。他的身材如何？——他五英尺十英寸高，体重十点八英石①。他与其他事物是**何种关系**？——他是尼各马可的儿

① 英国重量单位，一英石相当于 6.35 千克或 14 磅。——译注

ΑΡΙΣΤΟΤΕΛΟΥΣ ΤΑ ΜΕΤΑ ΤΑ ΦΥΣΙΚΑ

ARISTOTLE'S METAPHYSICS

A REVISED TEXT
WITH INTRODUCTION AND COMMENTARY

BY

W. D. ROSS

FELLOW OF ORIEL COLLEGE
DEPUTY PROFESSOR OF MORAL PHILOSOPHY IN THE
UNIVERSITY OF OXFORD

VOLUME I

OXFORD
AT THE CLARENDON PRESS
1924

图 11 "人天生渴望认识"：这是亚里士多德在《形而上学》里乐观的开卷语。本图是戴维·罗斯爵士汇编的亚里士多德《形而上学》的标题页，该书由牛津大学出版社于 1924 年首次出版。

子、皮提亚斯的丈夫。他在**哪里**？——他在吕克昂……等等。不同类型的问题可由不同类型的谓项来恰当回答。“身材如何”这个问题涉及到表示**数量**的谓项；“何种关系”问题涉及到**关系**谓项，如此等等。亚里士多德认为，这样的谓项有十类；他还描述了每类谓项的特性。例如，“数量的真正特性是它能被称做相等或不相等”，再比如，“仅就质量而言，指的是事物被称为相像或不相像”。亚里士多德对所有分类的叙述并不同样清楚，他对什么归属于哪一类的讨论有些令人困惑。此外，人们还不清楚亚里士多德为何把谓项分成**十**类。（除了在《范畴》里，他很少使用全部的十类谓项；并且他也许不太执着于是否正好是十类。）但总的一点是很清楚的：谓项分为不同的类。

亚里士多德对谓项的分类现在被称做“范畴”，“范畴”这一术语的含义由被归类的事物转变为这些事物被归入的类；所以，谈论“亚里士多德的十个范畴”是很正常的。更重要的是，范畴通常指的是“存在”的范畴——事实上，亚里士多德本人有时会称它们为“存在事物的类型”。为何会出现从谓项的类向存在物的类的转变呢？假定谓项“健康的”对亚里士多德的描述是真实的：那么“健康”就是亚里士多德的一个特质，并且定然存在一种叫做健康的事物。总的说来，如果一个谓项对某物的表述为真，那么该事物就具有某种特征——与谓项一致的特征。并且与谓项相一致的事物或特征本身，又可以用一种与谓项分类方法一样的方式进行分类。或者更确切地说，只有一种分类：在对谓项进行分类时，我们同时对特征进行了分类；当我们说在“亚里士多德是健康的”这个句子中描述亚里士多德的谓项是一个质量谓项，或在“亚里士多德在吕克昂里”这个句子中描述他的谓项是一个地点谓项时，我们其实在说健康是一种质量或者说吕克昂是一个地点。事物与谓项一样，分为不同的类；并且，如果谓项有十类或十个范畴，就有十类或十个范畴的事物。

回答“某物是什么？”这一问题的谓项属于亚里士多德称之为“实体”的范畴；属于该范畴内的事物就是实体物质。实体的分类特别重要，因为这一分类是第一位的。为了理解实体的第一位重要性，我们得简要地看一看对亚里士多德整个思想具有核心意义的一个概念。

亚里士多德注意到某些希腊词语是模棱两可的。比如“sharp”这个词，在希腊语中和在英语中一样，都可描述刀和声音；很明显，描述声音很 sharp（尖锐）是一回事，描述刀很 sharp（锋利）则又是一回事。许多模棱两可的情况很容易被发现：它们可造成双关，但它们并不造成理解上的困惑。但是，模棱两可的情况有时表达的意思更为微妙，有时会影响具有哲学意义的术语。亚里士多德认为哲学里的大部分重要术语都是模棱两可的。在《智者的驳辩》中，他用了不少时间来阐释和解答基于词义模糊性之上的诡辩难题；《形而上学》第五卷——有时被称为亚里士多德哲学词汇表——就是一组短文，讨论许多哲学术语的不同含义。“某物被称为一种原因的一种条件是……，另一种条件是……”；“如果……或如果……某物就被称为是必然的”；等等，诸如此类，亚里士多德自己的哲学体系里的许多核心术语也有讨论。

其中一个被亚里士多德视为语义模糊的术语是“存在”（being）或“存在物”（existent）。《形而上学》第五卷第七章就是用来阐释“存在”的；第七卷的开头就说：“就像我们在前面讨论语义模糊性时描述的那样，事物据说具有多重意思。因为存在表明一个事物是什么（也就是说，某人或某事如此这般）以及以这种方式表述的每一个其他事物，或其他事物的量或数量。”至少,有多少种存在的范畴就有多少种“存在”意义。

一些语义模糊仅仅是“偶然的同音异义”现象——就像希腊语单词 kleis 既表示“门闩”,又表示“锁骨”。亚里士多德并不是想说,kleis 同时意指 “门闩”和“锁骨”是一种偶然(那很明显是错误的,许多语义模糊都可以用某种大致的相似性来加以解释)。他的意思是,该词的两个用法之间没有意义上的联系:你可以在毫不知道另外一个词义的情况下使用其中的一个意义。但是,并非所有的语义模糊都是这种意义上的“偶然的同音异义”,并且,尤其是“存在”(be)和“存在”(exist)这两个词并不代表一种偶然的同音异义:“按一般说法, 事物以许多方式存在,但这仅仅是在描述某一事物或某一单个性质,不是同音异义。”(“不是同音异义”在此是指“不是偶然的同音异义”。)亚里士多德用两个非哲学事例来解释他头脑中的思考:

> 每一种健康的事物都关乎健康——一些事物拥有健康,一些事物带来健康,一些则是健康的迹象,一些事物乐意接受健康。被称为医疗的事物与医疗技术有关——一些事物拥有医疗艺术,一些能很好地适应医疗技术,其他的则是实现医疗艺术的仪器。我们还可以找到以类似方式称呼的其他事物。

“健康” 这个词的语义是模糊的。我们称各种各样的事物——人、矿泉疗养、食品——是健康的;但是乔治五世、博格诺里吉斯[①]和全麦维的健康不是一个意义上的健康。不过,“健

① 英国南部海滨小镇。——编注

康”的不同含义是相互关联的，这种相互关联是由以下事实决定的：它们指的都是某一事物，即健康。因此，说乔治五世是健康的指的是他**拥有**健康；说博格诺里吉斯是健康的是因为它能**带来**健康；说全麦维是健康的是因为它能**维持**健康等等。“某种单个的特性”被用于解释，为何这些不同事物中每一种都是从不同的角度阐述健康的。

“医疗的”这个术语也是这样，它以类似的方式指向医学。根据亚里士多德的说法，“存在”或“存在物”也是如此。

> 因此，事物按不同的说法以许多方式存在着，但都与一个最初的出发点有关。一些事物被称为存在是因为它们是实在物质；其他则因为是物质的属性而存在着；还有的是因为它们是物质的生成途径，或是物质以及与物质有关的存在物的破坏、匮乏、质量属性、生产者或创造者，或因为它们是对这些方面或对物质的否定。

就像健康之所以被称为健康是因为与健康有关，所有的事物之所以被称为存在(be)或存在(exist)是因为与实存物质有关。存在着颜色和尺寸、变革和破坏、地点和时间。但是颜色的存在是因为某种**物质**有颜色，尺寸的存在是因为某种**物质**具有大小，**运动**的存在是因为某种物质在运动。非物质也存在，但它们是寄生性的——它们作为物质的变体或属性而存在。非物质的存在是因为存在的物质以一种或另一种方式发生了变体。但物质的存在不是寄生性的：物质的存在是第一位的；因为物质的存在**不是**因为其他事物——非物质——的存在才得以实存。

与“健康”一样，“存在”这个术语是多样性的统一；正如“健康”一词指向健康，“存在”都指向实在物质。这就是实在作为第一位类别与其他存在范畴相关联的主要方式。

那么，成为一个实在意味着什么呢？实在谓项就是恰当地回答“那是什么”的谓项。人是一个实在；换言之，“人”是一个实在谓项，因为“他是人”就是对“亚里士多德是什么？”的恰当回答。但是，“那是什么？”这样的问题太不严密了。在《形而上学》第五卷里，亚里士多德又补充或增加了一项成为实在的不同标准：“事物以两种方式被称做实在：任何终极主体，不是说明其他事物（主体）的；以及任何可以分离的‘这个某某人（物）’。”在事物被称为实在的第二种方式中，串起了亚里士多德在思考这个问题时经常使用的两个概念：实在是“这个某某人（物）”，并且它又是“可以分离的”。

“这个某某人（物）”翻译自希腊语“tode ti”，一个很古怪的短语，亚里士多德在其他地方也未作解释。他头脑中所考虑的也许可以表述如下：实在是我们可以用指示短语“**这个**某某人（物）”来谈论的事物，是可以被挑选出来、加以识别并分成个体的事物。比如，苏格拉底就是“这个某某人”的一个例子；因为他是**这个人**—— 一个我们能挑选出来进行识别的个体。

但是，对于苏格拉底的面色，比如苍白，情况又是怎样？我们不能用短语“这个苍白”来指称吗？这个苍白不是我们能识别和重新识别的事物吗？亚里士多德认为“这种特定的苍白是在一个主体，即物体之上（因为所有的颜色都附着在物体上）”，他用“这种特定的苍白”似乎是指“这个苍白”，苍白这种属性的一个个体实例。但是，即使这个苍白是一个个体事物，也并不表明我们必须承认它是一个实在。因为实在不仅是“这个某某人（物）”，而且还是“可以分离的”。这里的可分离性又是什么呢？

看来,苏格拉底可以没有苍白而存在,但苏格拉底的苍白不能在没有苏格拉底的情况下存在。苏格拉底可以躺在沙滩上,因此不再脸色苍白;他没有苍白地在那里——但是他的苍白却不能没有他而独自在那里。苏格拉底可以脱离苍白。苏格拉底的苍白却不能脱离苏格拉底。这也许就是亚里士多德所说的可分离性的部分内容,但是可能不是他要表示的全部意思。首先,苏格拉底可以停止脸色苍白,但他不能停止脸上的颜色;他可以脱离苍白,但他不能以同样的方式脱离颜色。

我们需要重提一下亚里士多德对存在的模糊性的描述。我们已看到,一些事物是寄生在其他事物之上的:一个寄生物的存在,是因为与另一个存在物以某种方式相关联。在寄生和分离之间有一种联系:如果一个事物不是寄生的,那么它就是可分离的。苏格拉底可以与苍白分离,因为苏格拉底的存在不是为了让他的苍白以某种方式被改变;而苏格拉底的苍白不可与苏格拉底相分离,因为它的存在是为了某种其他事物,即苏格拉底变得苍白。苏格拉底可以脱离他的苍白。他还可脱离颜色,因为尽管他必须有某种这样或那样的颜色,但他的存在不是为了让颜色以某种方式被改变。总的说来,苏格拉底可脱离其他的一切事物:苏格拉底的存在不是为了让其他事物变得这样或那样。

那么,何谓实在呢?一个事物,当且仅当它既是一个个体[一个“这个某某人(物)”,能够由一个指示性短语指明的事物],又是一个可分离的事物(非寄生的事物,其存在不是为了其他事物以某种方式进行改变)时,才是实在。

我们现在可以回到亚里士多德提出的那个永久问题上:什么样的事物才是真正的实在?我们不应指望从亚里士多德那里获得简单而又权威的答案(毕竟,他认为这个问题是个永久的谜），事实上，他试图给出的答案吞吞吐吐、难以理解。但是，有一两点相当清楚。亚里士多德认为，先辈们对这个问题已经暗示了许多不同的答案。一些人曾认为，像金、肉、土、水这样的物质是实在（他想到的主要是希腊最早时期的哲学家们，他们把注意焦点放在事物的材料组成上）。其他一些人认为，普通事物的终极组成部分就是实在（亚里士多德在此又想到古代原子论者的观点，他们设想的基本实体是细微的微粒）。然而，还有些思想家则提出数字是实在（毕达哥拉斯学派和柏拉图的一些追随者属于这一阵营）。最后，有些人认为，实在只能在某些抽象实体或一般概念中找到（柏拉图的形式教义就是这种理论的杰出代表）。粉笔、一组夸克微粒、质数、真理和美都是，或都曾被认为是构成实在的备选项。

亚里士多德否定了所有这些备选项。"很显然，在被认为是实在的事物中，大部分都关乎能力——动物的组成部分……土、火和空气。"我们也许会说，土的存在是为了让某些实在获得能力（在亚里士多德看来，土能让它们具有向下运动的能力或趋势）；火的存在是为某些实在加热、使之燃烧，然后有飘升的趋向。至于动物的组成部分，"所有这些都由它们的功能清楚地规定着；因为每个部分只有能执行其功能时才算名副其实——比如，眼睛只有能看事物才能称其为眼睛；并且不能看东西的眼睛只是一个同音异义的眼睛（比如，已死亡的眼睛或由石头做成的眼睛）"。眼睛就是能看东西的事物；眼睛的存在是为了让动物看见东西。

关于物质和动物的组成部分就说这么多。至于数字，他们很显然是非实体性的。只要有成组的三个事物，数字 3 就存在。数字本质上是事物的数量，尽管数字 10 与任何或每一组数量为十的事物不是一回事，可数字 10 的存在恰恰就在于存在着

图 12 这是关于柏拉图形而上学的一则对话的残片，也许来自亚里士多德遗失的著作《论理念》。这段文字反写在一块泥巴上：泥巴吸收了莎草纸上的墨水，而莎草纸则腐烂掉了。这个残片是在阿富汗发现的——参见 136 页图解。

这样许多十个一组的实在。这至少是亚里士多德在《形而上学》最后两卷里提出的观点。

亚里士多德把驳斥的焦点大都放在对实在资格的第四个备选项上。柏拉图的形式理论是那时亚里士多德所熟悉的阐述最详细的本体论，那也是他在柏拉图学园里数年浸淫其中的一个理论。亚里士多德驳斥柏拉图的这个理论始见于一篇特殊的专题论述《论思想》之中，该文只保留下些许残片。他不断地攻击，提出一系列反对该理论的意见。许多论述涉及柏拉图观点的细节方面；不过，也有一些是关于总体方面的，这些论述对任何把真理和美这样的一般性物项看做实在的理论都同样有辩驳力。

亚里士多德认为，只要有某些实在是白色的，白色就存在。相反，柏拉图认为一个实在是白色的在于其享有白色。在亚里士多德看来，白色的事物要先于白色而存在，因为白色的存在仅仅是因为存在着白色物体。在柏拉图看来，白色先于白色事物而存在，因为白色事物的存在仅仅是因为它们享有白色。亚里士多德驳斥柏拉图观点的论说非常有力，但是它们不能说服坚定的柏拉图主义者——也很难看出这一争论该如何收场。

如果柏拉图主义选择其他三种方式来描述实在，亚里士多德又会说什么呢？亚里士多德提出反驳的实在是什么呢？答案是坚实而又符合常理的。第一种也是最明显的实在是动物和植物；在此之外我们还可以增加其他天体（比如太阳、月亮、星星）和人造物（桌子和椅子、锅和盘子）。总体说来，可感知的事物——中等尺寸的物体——是亚里士多德世界里的主要内容；很重要的是，他常常通过质疑除了可感知的实在外是否还存在任何实在，来提出自己的本体论问题。在亚里士多德看来，这些是基本现实，也是科学主要关注的内容。

第十一章

变化

关于亚里士多德世界里作为主要实在的中等尺寸的质料物体，我们还能再概括地说些什么吗？它们最重要的特征之一是它们在变化。不像柏拉图的形式（Forms）那样永久、同一地存在着，亚里士多德的实在大部分都是短暂的物项，经历着各种各样的变化。在亚里士多德看来，共有四种变化：一个事物可在本体方面发生变化，可发生质变、量变以及地点方位的变化。在本体方面的变化就是该物的形成和不再存在，或者说是该物的产生和毁灭；这类变化的发生是在一只猫出生和死亡的时候，一座雕塑被竖立和被打碎的时候。质变又叫改变（alteration）：当植物在阳光照耀下变绿、在暗处变得苍白时就发生了改变，当蜡烛遇热变软、遇冷变硬时就发生了改变。量变就是增益和缩减；自然界事物就是诞生时开始增长、终结时逐渐萎缩。最后一种变化——地点方位上的变化就是运动。《物理学》的大部分内容就是对不同形式的变化进行的一项研究。因为《物理学》研究的是自然科学的哲学背景，并且"自然是运动和变化的一个原则"，因此"事物如果拥有这样一个原则就是具有自然性"。换言之，自然科学的主题就是运动和变化的事物。

亚里士多德的先辈们被变化现象困扰着：赫拉克利特认为

PHYSICORVM
ARISTOTELIS
LIBRI,
IOACHIMO PERIONIO
interprete: nunc verò opera doctissimi Nicolai Grouchij integrè restituti, limati, & emendati.
QVORVM SERIEM pagina sequens indicabit.
IN VIRTVTE, ET FORTVNA.
LVGDVNI,
APVD GVLIEL. ROVILLIVM,
SVB SCVTO VENETO.
M. D. LXI.

图 13　1561 年里昂出版的《物理学》的扉页。“《物理学》的大部分内容就是对不同形式的变化进行的一项研究。因为《物理学》研究的是自然科学的哲学背景，并且‘自然是运动和变化的一个原则’。”

变化是永恒的、是现实世界最基本的特征；巴门尼德否认事物形成的可能性，因此也就否认有任何变化；柏拉图认为变化着的平常世界不能成为科学知识的主题。在《物理学》第一卷里，亚里士多德认为每次变化都涉及三样事物：变化发生的起始状态、变化朝向的状态以及经历变化的事物。在第五卷里，他又略微地进行了修正："存在着引发变化的事物和正在发生变化的事物，还有变化发生于其间的事物（时间）；除此之外，还有变化发生的起始、终了状态。因为所有变化都是从某物到另一物，还因为变化中的事物与起始状态的事物是不同的，与终了状态的事物也是不同的——比如，原木、热、冷。"当一根原木在壁炉里变热，它就开始从冷的状态发生变化；变化到热的状态；原木本身经历了变化；变化经过了一些时间；存在某个事物——也许是我那点燃的火柴——引发了这种变化。

在每次变化中都有一个起始状态和一个终了状态，这一点是显而易见的；这两个状态必须是可区分的，否则变化就不会发生。（一个物体可由白变黑，然后又由黑变白。但是如果在某个特定时间内颜色一直相同，那么在那个时间段里颜色就没有发生变化。）同样，在质变、量变和地点方位变化中，很明显要有一个物项历经变化的始末。一方面，"除了变化的事物外没有变化发生"，或者说"所有的变化都是事物的变化"；另一方面，这种"事物"必须持续存在（把我的满杯倒空是一回事，而用另一个空杯子换掉我的满杯则是另一回事）。到现在为止，亚里士多德的分析一直顺利。但是，亚里士多德在分析实在（物质）的变化时似乎有些困难。

很容易想象到的是，产生和毁灭的两个极端就是非存在和存在状态。当苏格拉底降生时，他便由非存在状态变化到存在状态；当他死的时候则发生相反的变化。可是，仔细一想就会觉得这一想象有些荒谬，因为苏格拉底没有历经他的整个出生过程，也没有历经他的整个死亡过程。相反，这两次变化标志着苏格拉底存在的开始和终结。亚里士多德在这一点上的观点是，实在——质料物体——在某种意义上是合成的。比如，房屋是由砖和木材按照一定的结构组成的；雕塑是由雕刻成一定形状的大理石或铜构成的；动物是由组织（肉、血液等）按照某些特定原则构成的有机结构。所有实在都由两“部分”构成：材料和结构，亚里士多德习惯性地称之为“物质”和“形式”。物质和形式不是实在的物理组成部分，正如你无法把雕塑分割成两个独立的部分：铜和形状。另一方面，我们不能把物质看做实在的物理组成部分、把形式看做某种附加的非物理组成部分：一个足球的形状和它的皮革组织一样，都是其物理组成部分。相反，物质和形式都是实在的逻辑组成部分；换言之，在描述某个特定实在是什么时——比如描述一座雕塑是什么或一只章鱼是什么——需要同时提到它的构成材料和结构。

我们现在可以看出，“任何诞生的事物必然总是可分的，部分是这样的、部分是那样的——我指的是部分是物质、部分是形式”。并且：

> 很显然，……实在是由某种作为基础的主项中诞生的；因为必然会存在某个事物构成实在的基础，诞生物的产生便由该事物而来——比如，植物和动物都是由种子那里来的。在一些情况下，所诞生的事物是通过形状的变化而产生的（比如雕塑），在一些情况下通过增益（比如生长的事物）、在一些情况下通过缩减（比如一座赫耳墨斯的大

理石雕像）、在一些情况下通过组合（比如一间房屋）……

当一座雕塑诞生或者说被制作出来时，一直存在的物体不是雕塑本身，而是制作雕塑的物质，即铜块或大理石石块。终极状态也不是非存在和存在，而是无定形的和定形的状态。当一个人诞生时，一直存在着的是原料，而不是人；而且这种物质先是非人状态，然后变成人的状态。

对变化性质的这般描述具有的优点是，可以让亚里士多德克服前人关于变化所提出的许多难题。但是这种克服还不能完全令人信服。托马斯·阿奎纳[①]这位对亚里士多德最为赞同的评论家认为，该理论排除了创造的可能性。阿奎纳的上帝凭空创造了世界。一旦世界形成，那么按照亚里士多德的观点，就是一个实质性的变化。但是这个变化并不是对一堆预先存在的物质强加一个新的形式：没有已存的物质，上帝创造世界时是一边设计结构一边制造了原料。阿奎纳说，如果仅仅对尘世间进行思考，你也许倾向于接受亚里士多德对变化的分析。但如果往天上看看，你就会明白不是所有的变化都符合这样的分析。不管是否同意阿奎纳的神学理论，我们也许都会接受其批评的精髓；因为我们不能仅凭逻辑方面的理由排除创造。不过，如果说亚里士多德对变化的描述过于狭隘，那么这个理论对他的科学理论来说影响还不算太大；因为该理论主要关注的是普通的、尘世的、变化的事物。

严格地说，我迄今所描述的并非亚里士多德对变化本身进

① 阿奎纳（1226—1274），意大利中世纪神学家和经院哲学家。——译注

行的阐述，而是对变化的前提条件的描述。不管怎样，他在《形而上学》第三卷里提出了“何谓变化？”的问题，并给出一个回答作为对第一卷里相关讨论的补充。他的回答是：“变化是有可能成为某物的潜能的实现。”[这句话常作为亚里士多德对运动的定义而被引用。英语“运动”（motion）通常的意思是“地点的变化”、“移动”。亚里士多德在这里使用的词是 kinêsis：尽管该词有时仅限于表示移动，但一般来说它的常用义表示“变化”；在《形而上学》第三卷里，该词使用的就是常用义。]亚里士多德的批评家就曾将该句斥为言辞浮夸的故弄玄虚。对此有必要进行简要的评论。

术语“实现”和“潜能”在亚里士多德的专题论述中形成一个重复的主题。它们被用于区分实际上是某某人（物）的事物和潜在地是某某人（物）的事物；比如，可区分一个正在砖头上抹灰泥的建筑工人和一个休假的建筑工人（一个不在进行建筑操作，但保持有相关技术和能力的工人）。具有一种能力是一回事，运用那种能力则是另一回事；具有潜能是一回事，实现潜能则是另一回事。亚里士多德对实现和潜能之间的区别多次作出断言，有的很敏锐，有的则存在问题。比如，他认为“在所有情况下，实现都在定义上和实在上早于潜能；并且在时间上，实现在某种程度上早于、又在某种程度上迟于潜能”。第一点是正确的；因为，为了定义潜能我们必须详细指出潜能的指向，这样我们就是在陈述“实现”。（要成为一个建筑工就要具有建筑的本领；要成为看得见的事物就要具有被看见的能力。）既然反过来说是不正确的（实现不会以同样的方式预设潜能），实现就在定义上先于与之相关的潜能。可另一方面，实现在时间上早于潜能的说法就不那么令人信服了。亚里士多德的意思是，在任何潜在的某某人(物)之前必然存在真实的某某人(物)——存在潜在的人(即任何能变成人的原料)之前,就必然已经存在真实的人。因为,他说道:“在所有情况下,真实的某某人(物)是通过真实的某某人(物)的介质作用,才由潜在的某某人(物)变化而形成的——比如,人由人生,音乐爱好者则在其他音乐爱好者的帮助下形成。永远存在引发变化的事物,引发变化的事物本身就是现实存在的某某人(物)。”总的说来,任何变化都需要有一个诱因;并且总的说来,你使某件事物成为某某物是因为你将某个特征传递给了它,而且你只能传递你本身所具有的特征。因此,如果某人逐渐爱上了音乐,他必定是受某人或某物的影响而爱上音乐的。所以,真实的音乐爱好者必然存在,以便潜在的音乐爱好者能实现其潜能。亚里士多德的论述很精巧,但不是结论性的。首先,它没有表明现实事物早于潜在事物,只表明了现实事物早于潜能的实现。第二,它依赖的是不可靠的因果原理——比如,原因不必具有、通常也不具有传递性。

“变化是有可能成为某物的潜能的实现。”实现和潜能都指向哪里?答案出现在亚里士多德论证的过程中:是潜能在发生变化。我们因此可以用以下句子来替换亚里士多德那语义模糊的句子:“变化是具有可变性的事物实现其可变性。”既然在我们看来这可以解释某物发生变化的含义,接着就让我们把亚里士多德的抽象名词“变化”和“实现”换成浅显的动词:“当某物拥有一种变化的能力并发挥这种能力时,它就处于变化过程之中。”这样的释义无疑降低了亚里士多德分析的含糊晦涩;但似乎又付出了另一种代价——陈腐乏味。因为这样的分析成了同义反复的重言式[①]。

也许情况不是这样的。亚里士多德也许不想提供一个关于变化的启发性定义，而是想就变化中所涉及的某种实现关系发表特定的观点。亚里士多德认为，某些现实和与之相关的潜能是无法共存的。白色的物体不能再变白了。现实已经是白色的物体不会同时具有变白的潜能。在被刷成白色之前，天花板曾经具有变白的可能，但那时不是白色；现在，粉刷过了，它是白色的，却不再具有变白的潜能了。其他的现实则不同：现实已经是某某人(物)的情形可以与变成某某人(物)的可能性同时存在。当我抽烟斗时，我仍然具有抽烟斗的可能性(否则我就不能继续抽下去)。当一个障碍赛参赛者在赛道上飞奔时，他仍然具有飞奔的可能性(不然他就到达不了终点线)。亚里士多德对变化的"定义"，要点也许在于：变化是第二种意义上的实现。当苏格拉底皮肤被晒成褐色时，他依然有被晒成褐色的可能性(否则晒他的皮肤就不会有进展)；风信子在生长时，依然有生长的可能(否则它就会是一株可怜的、矮小的植物)。总的说来，当一个物体在变化时，它依然有变化的可能。

关于变化，亚里士多德还有很多要说。变化发生在时间和空间之内，《物理学》提供了许多关于时间、地点和真空之性质的复杂理论。因为空间和时间是无限可分的，亚里士多德就分析无限性这个概念。他还讨论了许多关于运动与时间之间关系的特殊问题，包括简要地分析了芝诺著名的运动悖论。

收录于《物理学》的不同文章都是现存亚里士多德作品中

① 重言式：由更简单的陈述句以一定方式组成的无意义的或空洞的陈述以使其在逻辑上正确，无论这更简单的陈述是正确的或错误的，例如陈述句"明天或者下雨或者不下雨"。——译注

较为成熟的:尽管它们讨论的主题很棘手,尽管许多进行细致讨论的段落难以理解，它们的总体结构和要旨却总是十分清晰。《物理学》是开始阅读亚里士多德的最好切入点之一。

第十二章

因

质料性物体变化着，并且它们的变化是由因引起的。科学家的世界充满了因，并且正如我们所见，科学知识要求具有陈述原因并给出解释的能力。我们应该期待亚里士多德的科学专题论文到处都是对因的看法和解释；并且期待他的哲学论文中包含某些对因果关系和解释的性质的阐述。这两点都没有让人失望。

亚里士多德对解释进行阐述的精髓是他的“四因”学说。以下是他所作的简要阐述：

> 一个事物之被称为因，一种方式是它是某物的一个构成成分（比如制作雕塑的铜、高脚酒杯的银等，诸如此类）。其他的方式还有，它是本质的形式和模式，即它是本质的准则、本质的属（比如，八个一组的事物中的 2:1 或其他常规数字），理由的组成部分。还有，它是变化或其他过程的第一原理的起源（比如，进行思考的人是一个因；孩子的父亲，以及泛言之，正在制造某物的制造者和正在改变某物的改变者是因）；还有，它是目标——也就是说，为之而变化的原因（比如散步的健身效果——他为何在散步？——我们会说：“为了健康”；这样说时我们就会认为已陈述了因）；还有，那

些在其他事物引发一次变化后，处于改变者和目标之间的事物——比如，节食、通便、药物、保健仪器；因为这些都是为了健康这个目标，它们之间的区别在于有的是仪器，有的则是行动。

亚里士多德告诉我们，人们可用四种不同的方式认定事物为"因"；但他的例证过于简短、难以捉摸。来看一看第一个例子："制作雕塑的铜。"亚里士多德的意思不大可能是指，铜可解释雕塑或是雕塑的因，因为这样说没有任何意义。他要表示什么意思呢？首先值得注意的一点是，在亚里士多德看来，寻求因就是在寻找"因为什么什么"；换言之，就是要问某物为何是这样的。一个"为何？"的问题需要一个"因为"来回答；因此，如果想引证某物的因，应该可以使用句型"X 因为 Y"。

第二点是，亚里士多德认为"'因为什么什么'的问题总是以以下方式来探究的：因为什么某物属于另一物？比如因为什么而打雷？因为什么云层里发出声音？这样，即可由某事物追溯到另一事物。还有：因为什么这些事物（即砖头和木料）是一所房屋？"每当我们寻找因时，我们总是会问那又是为什么，某某人（物）为何是如此如此的。换言之，我们试图解释的事实可以用一种简单的主项一谓项句型表达：某某人（物）是如此如此的。我们所问的问题是：某某人（物）为何是如此如此的？答案可以用这样的形式表达：某某人（物）如此如此是因为……（当然，我们不仅能问为何涉水鸟长着有蹼的脚，而且也能问为何存在涉水鸟；并且如果前一个问题问的是"因为什么某物属于另一物？"那么后一问题似乎只关系到一样事物，即涉水鸟。对于这一点的回答，亚里士多德运用的是他把实在分析为物质和形式时所用的方法：要问

图 14“一个事物之被称为因，一种方式是它是某物的一个构成成分，比如制作雕塑的铜、高脚酒杯的银等，诸如此类。”这是古希腊德尔斐城的一座雕塑：一个凯旋而归的战车驭者。

为何有涉水鸟，就是问为何动物的组织有时具有这样或那样的形式——而且那就等于在问“因为什么某物属于另一物?”)

最后一点，亚里士多德认为“因是中间关系词”:要问“某某人(物)”为何“如此如此”，就好像在寻找连接“某某人(物)”与“如此如此”之间的关联;这个关联将构成该问题中两个词语间的中间关系词。“‘某某人(物)’为何是‘如此如此’? ”——“因为某人(物)如此。”更详细地说:“‘某某人(物)’是‘如此如此’的，是因为‘某某人(物)’是‘某人(物)如此’，并且‘某人(物)如此’也是‘如此如此’。”为何奶牛有好几个胃?因为奶牛是反刍动物而且反刍动物有好几个胃。解释实际上不必总是以那种僵硬的方式呈现;但亚里士多德认为总是可以这样呈现，而且这种僵硬的形式最清楚地展示了因果连接关系的本质。

对解释性句子的这种分析使我们能够看出，亚里士多德关于解释的概念是如何与他的逻辑结合起来的，看出作为科学家首要研究目标的因如何在公理化演绎系统里进行表述，该系统呈现的是他最终的成果。而且，我们现在经过了更充分的准备去理解“四因”学说。

亚里士多德所区分的第一种因——“构成某物的成分”，通常被他称为“作为物质的因”，被他的评论者称为“质料因”。“制作雕塑的铜”这个例证可被看做以下表述的省略形式:“雕塑是什么什么样的，是因为雕塑是由铜制作而成并且铜是什么什么样的。”(可用“具有延展性的”、“棕色的”、“重的”、“布满铜绿的”等表述来替换“什么什么样的”。)中间关系词“由铜制作的”表述了雕塑具有(比如说)延展性的原因;因为铜是雕塑的组成原料，所以这里的原因就是质料因。

亚里士多德所说的第二种因——“形式和模式”，通常被称做“形式因”。所举的例证又是模糊晦涩的。我们再来看一看下面一段话：“那是什么和那为何是什么这两个问句是一样的。月食是什么？——由于地球的遮挡月亮的光没有了。为何有月食呢？或者：月亮为何出现月食？——因为当地球挡住它时光离开了月亮。”换言之，月亮出现月食是因为月亮由于被遮挡而没有了光线且事物被遮挡而失去了光线就产生食。在这里，中间关系术语“被遮挡而失去了光线”解释了为何发生月食；并且它表述了月食的形式或者说本质——他说明了月食是什么。

现代读者最乐于把因果概念与一物对另一物的作用联系起来——比如与推和拉联系起来；他们也许觉得最熟悉的就是亚里士多德的第三类因，通常被称为“作用力”或“动力因”。至少，亚里士多德对作用力因所作的例证，具有了与我们现在的因果概念相关的特征。因此，所举的例证似乎表明，作用力因与其所作用的对象是明显不同的（父亲不同于儿子，而铜并非不同于雕塑），并且因要在果之前（进行思考的人在他行动之前进行思考，而遮挡并不在月食之前出现）。

不过，亚里士多德并未把作用力因看做与物质和形式因截然不同。而且，他认为作用力因并非总是位于其结果之前——实际上，他把因果的共时性看做很正常的事。对他的例证“孩子的父亲”也许可以更加充分地阐述如下：“孩子是人，因为他有一个人类父亲且具有人类父亲的孩子是人。”在这里表示因的词是“有一个人类父亲”；因并未先于结果：孩子并未首先有一个人类父亲，然后变成一个人。亚里士多德在其他地方给出了几个前因的例子：“为何波斯战争降临到雅典人的头上？雅典人遭受战争的原因是什么？——因为他们与埃瑞特里亚城的人一起攻击了萨迪斯人；因为此事引发了这次的变化。”但是这样的例子是不常见的。

亚里士多德把他的第四类因看做“为了什么的原因”和“目标”。这常常被称为“目的因”(finis 是表示“目的”或“目标”的拉丁语单词)。就像亚里士多德所给的例证表明的,表达目的因的常用方式是使用连接语“为了”或“为的是”:“他为了健康而在散步。”目的因在很多方面是古怪的:首先,它们很难用“因为什么”来表述——“为了”很难翻译成“因为”。第二,它们似乎只适合少数一些情况,即人类的有意图行为(因为“为了”表示一种意图,且只有人类的行为才具有意图性)。第三,它们似乎发生于结果之后(引发散步的健康是在散步之后获得的)。第四,它们或许并不存在却具有作用力(一个人的健康问题使得他去散步,然而健康从未获得——他也许过于闲游浪荡而不能获得健康,或者他在闲逛过程中惨遭横祸被汽车撞倒了)。

第三、第四点古怪之处最容易解释。亚里士多德明确地承认,目的因在其作用效果之后发生;并含蓄地承认存在着目的因具有作用力但并不存在的情况——因此,这两点都未曾给他奇怪的印象。第二点古怪之处更为重要。亚里士多德并不认为目的因只适合有意图的行为:相反,目的因发挥作用的基本场所是大自然——在动物和植物世界里。我会在后面的一章里重新谈论这一点。第一点古怪之处需要进行即时的评论。

目的因如何符合亚里士多德对解释性句子的结构所作的描述?他的目的因的一个例证是这样简洁地表述的:“为何存在着房子?——为了保护一个人的财产。”我们可以把这个解释详细地扩展如下:房屋盖顶是因为房屋是财产的遮盖物,且财产的遮盖物是要盖顶的。在这里,“财产的遮盖物”是中间关系词,它表达的是房屋的目的因——它陈述的是拥有一所房屋的目的。但是对亚里士多德例证的注释让我们远离了他的原文，而且很难提供一个类似的注释去说明“为了健康而慢跑的人”。

目的因不符合“‘如此如此’是因为‘某人(物)如此’”这一公式。也许我们应该把标准稍稍放宽些。“为何‘某某人(物)’是‘如此如此’？——因为‘某人(物)如此’。”在一些情况下，“某人(物)如此”与“某某人(物)”和“如此如此”之间的关系会如前所述：“某某人(物)”是“某人(物)如此”，并且“某人(物)如此”是“如此如此”。在其他情况下，这种关系可能更为复杂。就目的因而言，“某人(物)如此”将会解释为何“某某人(物)”是“如此如此”的，因为“某人(物)如此”既是“某某人(物)”的一个目标又是可以通过“如此如此”获得的事物。“他为何散步？——为了健康。”健康是他的目标；而且健康可以通过散步获得。“为何鸭子的脚有蹼？——为了游泳。”游泳是鸭子的一个目标(换言之，脚蹼有助于鸭子游泳)；并且有了脚蹼游泳就容易多了。

亚里士多德对解释的分析不止于对四种因的区分。我会再多提两个要点。“因为事物有很多种方式被认为是因，这样就会出现同一个事物同时有许多因的非偶然情形；比如，雕塑的雕刻艺术和铜块都是雕塑的因(不是为了制作其他事物，而是要做雕塑)；但是它们是不同方式上的因：一个是物质意义上的因；另一个是变化缘起的因。”同一事物可能会有几种不同的因。将“同一事物”进行弱化解释是很有吸引力的：比如，雕塑很重是因为它是由铜制作而成的；雕塑跟真人一样大是因为雕刻家就是这样雕刻的。这两个因不是雕塑同一特征的因，但却是同一雕塑不同特征的因。但是，这并非亚里士多德的意思，相反，他认为雕塑的同一个特征会根据两种不同方式的因果关系有两种不同的解释。因此他认为打雷"既是因为在火熄灭时必然会发出嗞嗞声并造成声响,又是——如果真像毕达哥拉斯派所说的那样——为了恐吓、惊吓地狱里的鬼魂"。并且在生物学著作里,他经常探求自然的双重因。

这很令人费解。很显然,如果一个事物解释了另一个事物,那么就没有可能再假设除此之外还存在第三个解释该事物的事物;如果一个事物解释了另外一个事物,那么后者就算被解释了——不存在要第三个物项再对之进行解释了。第一个项目和第三个项目是否是不同类型的因,这几乎没有什么区别。比如,如果我们想仅仅从机械的角度来充分解释狗的行为(用一组质料和作用力因),那么我们就会拒绝任何从狗的目标或目的的角度进行的假设性解释——这样的尝试什么也解释不了,因为一切都已经被解释了。

可能亚里士多德的意思与他所说的有些不同:铜在某种程度上可能是雕塑沉重的一个因;但铜本身不能完全解释雕塑的重量——我们得提到雕刻家,因为他本来完全可以利用铜雕刻出一个很轻的雕塑。那么,关键点就不在于某物既能由一物项完全解释、也可由另一不同的物项完全解释;而是说,对某物的一个令人满意的解释也许需要提到几种不同的物项。这一点是正确的,但却不是亚里士多德所说的观点。

最后,说一下偶然性。亚里士多德的一些前辈们将无数的自然现象归因于偶然,亚里士多德对此进行了批评。他本人谈及大自然里的偶然性了吗?正如我们在前文所见,他确信大自然中很多事物的发生并非始终如一,而只是通常发生着。如果某事物通常以一种方式发生,那么在极少的情形下必然以另外一种方式发生着。亚里士多德把"意外的"看做通常发生的情况的特例，也即极少发生的事。因此，通常，人的头发会变白。但是，有特例。假设苏格拉底的头发没有变白，那么这是个意外，并且这可能是偶然发生的事情。亚里士多德补充说，这样意外发生的事情超过了科学研究的范围："没有关于意外的知识，这是明显的；因为所有的知识要么论述永远正确的、要么论述通常是正确的内容。（否则人们如何能以其他方式学习知识或向他人教授知识呢？）"

因此，在亚里士多德看来，在自然中存在意外现象，它们不属于科学知识。亚里士多德有没有由此推断出，这个世界在某种程度上是不确定的、不是所有的事件都由因果关系连接在一起？不，相反，他假设会有自然规律的特例发生是因为构成相关事物的物质的特殊性，这种特征也可从物质特殊性的角度来进行解释。如果苏格拉底头发没有变白，那不是个没有原因的谜团：那是由苏格拉底头发的特质决定的。意外现象有其原因。亚里士多德不承认自然界之中有无因的事件。但是，他的确承认，不是所有的事件都服从于科学理解；因为不是所有的事物都表现出科学所要求的规律性。

第十三章
经验论

对于最后都会纳入欧几里得的纯科学之中的知识，我们该如何获得呢？我们如何与构成现实世界的物质相联系，又如何记录它们的变化呢？我们如何偶然间找到它们的因并进行解释呢？演绎逻辑不是答案所在：亚里士多德的三段论演绎法从未被视做寻找关于自然界的论据的一种方法——它提供的是一个用语言表述知识的系统，不是一个获得发现的途径。

在亚里士多德看来，知识的最终来源是感知。在两种意义上，亚里士多德是个十足的“经验主义者”，尽管这个词意义含糊。第一，他认为我们借以理解和解释实在的概念或观念都最终来自于感知；“因此，如果我们无法感知，我们就不会学习或理解任何事物；当我们想起某事物的时候我们必然同时想起一个概念”。第二，他认为所有科学或知识都最终建立在感知性观察之上。这也许没有什么令人吃惊的：作为一个生物学家，亚里士多德主要的研究工具就是他本人的或他人的官能感知；作为一个本体论者，亚里士多德主要的实在是普通的能感知到的物体。柏拉图在他的本体论中给予抽象的**形式**以主导地位，从而把知识而非感知看做照亮实在的探照灯。亚里士多德则把可感知的细节放在中心位置，把官能感知作为他的火炬。

感知是知识的来源,但不是知识本身。那么,感知到的事实如何转变成科学知识呢？亚里士多德把这一过程描述如下：

> 所有动物……都具有天生的区别事物的能力,人们称之为感知;如果它们身上存在感知,则在一些动物身上保存有知觉的对象,而其他的动物则没有保存知觉的对象。对于那些没有保存知觉对象的动物来说……除了感知就没有知识。但是对一些感知者来说，就有可能将感知对象保存在头脑中;并且,一旦许多感知对象被保存在大脑中,就存在更大的差别：一些动物由于保存这些感知对象就逐渐地在大脑中建立起一个总的知识账户，而其他的动物则没有这样的账户。因此,由感知而产生我们所说的记忆;再由记忆(当常常与同一事物建立起关联时)产生经验——因为数量众多的记忆形成了一种经验;再由经验,或者说由进入大脑里的全部一般概念……产生了技能法则或知识原理。

我们感知特定的事实——此时此地这事是这样的(比如,苏格拉底头发正在变白)。这种感知也许留在大脑里变成了记忆。我们所感知的许多事实都彼此相似:不仅仅苏格拉底,而且卡利亚斯、柏拉图和尼各马可以及其他一些人都被看到头发变白了。因此我们逐渐有了一系列相似的记忆——相似感知的残留。当我们拥有这样的一系列记忆时,我们就拥有了亚里士多德所说的“经验”;经验转换成极类似于知识的东西,是在“全部一般概念进入大脑里”时,在这一系列特定记忆似乎被压缩成一个单一的观念时——这个观念即,通常所有的人头发都会变白。(我说的是“极类似于知识的东西”:知识本身直到我们理解头发变白的原因之后才形成,即直到我们懂得人在变老时头发变白是因为在他们变老时头发的色素就干枯了。)知识,总的来说,是由对感知的概括而产生的。

这一说法有待批评。首先一点,我们的大部分知识很明显不是通过亚里士多德所说的方式获得的。我们通常不需要进行大量的类似观测,就可以立即进行一般性地判断:我怀疑亚里士多德是否观察了一两只以上的章鱼通过交接腕交配;并且可以肯定他只解剖了非常少的几只对虾就对其内部结构进行一般性描述。他说一般性知识来自于特定观察,这在本质上也许正确,但要对实际过程进行令人满意的描述,在细节方面尚需进行相当的完善。

第二点,亚里士多德的说法会遇到一个哲学上的挑战。官能感知可靠吗?如果可靠,我们如何知道那就是感知?我们如何把幻觉和真正的感知区别开来?还有,我们由特定的观察推理到一般性真理合理吗?如何知道我们是否进行了足够的观察,我们的实际观察是否是所有可能的观察领域的合适标本?持怀疑态度的哲学家们多少世纪以来一直提出这类问题,这需要真正的亚里士多德学派的人予以回答。

亚里士多德意识到仓促概括存在的危险;比如,他曾这样说,"那些这样认为的人之所以无知,原因在于:动物间交配和生殖上的差异是多种多样的,并且不很明显,这些人观察了少数几个案例就认为在所有情况下都是一样的"。但是亚里士多德没有笼统地说由概括性所引发的问题:那些问题——后来被称为"归纳"问题——直到亚里士多德死后很长时间才得到详尽的哲学关注。对于感知问题,亚里士多德还有很多要说的。在他的心理学专题论述《论灵魂》里,他顺便评论说,感官的可靠

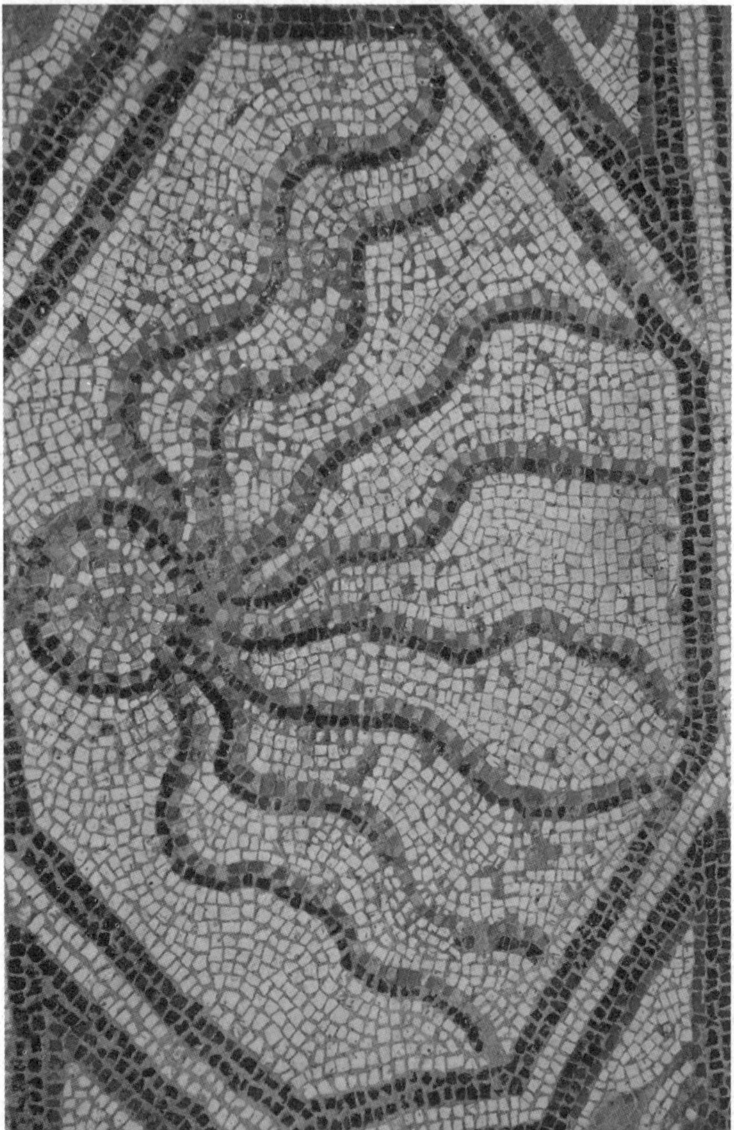

图 15“章鱼的触须既用做脚又用做手：它用嘴上的两个触须把食物送到嘴里；最后一个触须非常突出，……章鱼用它进行交配。”

性根据它们所指向的对象而有所不同。如果我们的眼睛告诉我们“那是白色的”，它们不太可能会错；而如果它们说“那白色的事物是雏菊”，错的可能性就大多了。《形而上学》第四卷仔细考虑了许多怀疑性观点，然后予以了化解。但是《论灵魂》里的评论没有任何论据支持，且亚里士多德在《形而上学》中对怀疑主义者的拒斥也是唐突的。他认为他们的观点没有经过认真地证明，因而不必认真地对待：“很明显，没有人——陈述论文的人和其他人都没有——事实上处于那种条件下。因为当一个人认为应该走到迈加拉时，他为何就会行走到那里而不是待在原地不动呢？为何他在早上不走到一口井里或者一片悬崖上，如果周围有那么一口井或一片悬崖的话？”亚里士多德还问道：“他们是否对以下问题感到真正的困惑不解：物体的尺寸和颜色对于远处的人和近处的人、健康的人和病人是否一样？对于病人来说是重的或对于强壮的人来说是重的，是否就是真正地重？对醒着的人来说是事实或对睡着的人来说是事实，是否就是真正的事实？”

如果有人使我确信我们对世界一无所知，然后我又看见他在穿过马路前小心地四下里张望着，我就不会拿他的话当真。而且总的说来，令人怀疑的话可以用这种方法被表明是不严肃的。也许就是这样，但是这与亚里士多德乐观认识论所遇到的哲学问题没什么关联。怀疑论者的观点可能很严肃，即使他本人不严肃。即使一个怀疑论者是个花花公子，他反对的理由也可能是一针见血的，并需要答复。亚里士多德也许本该更认真地对待怀疑论——但他不得不把骨头留给后来者去啃。

第十四章

亚里士多德的世界图景

亚里士多德是个勤劳的收集者，收集了关于大量不同主题的海量的信息。他同时又是一个抽象的思想家，哲学思想非常宽泛。他智力活动的两个方面在他的精神世界中不是隔开的。相反，亚里士多德的科学工作和他的哲学研究是一个统一的知识观的两个等分。亚里士多德是个卓越的科学家，又是一个深邃的哲学家，但是正是哲人科学家的身份使得他出类拔萃。按照一个古代格言的说法，他是"一个笔蘸思想之墨的自然抄写员"。

他的主要哲学科学著作为《物理学》、《论生灭》、《论天》、《气象学》、《论灵魂》、一本被称做《自然诸短篇》的短篇哲学论文集、《动物结构》以及《动物的生殖》。这些著作都是科学著作，因为它们都是建立在经验研究之上，并试图对所观察到的现象进行整理和解释。它们同时又都是哲学著作，因为它们是自觉的思考、是沉思性的，具有系统的结构，试图获得事物的真理。

亚里士多德本人在《气象学》开篇就表明了他作品的总体计划。

> 我已经阐述了自然的基本因和所有的自然运动（在

《物理学》里),也探讨了天体在天上的运行轨道(在《论天》中),总体讨论了质料元素的数量和本质、相互的转化以及它们的生灭(在《论生灭》中)。在这方面仍需研究的是以前的思想家所说的气象学……讨论完这些问题,我们就会明白是否可以沿着之前定下的线路概括而又详细地对动物和植物进行描述;因为当我们做到这一点时,我们也许会完成一开始所制订的计划。

亚里士多德就现实的本质提出了一个明确的观点。尘世间的基本元素或基本原料有四种:土、空气、火和水。每一种元素都可由四大基本能力或特性来界定——潮湿、干燥、冷和热。(火,热而干;土,冷而干……)这些基本元素每个都有自然的运动趋势和自然的位置。火,如果顺其自然的话,会向上运动,会在宇宙的最边缘找到自己的位置;而土则会向下运动,到达宇宙的中心;空气和水的位置界于前两者之间。这些元素能够相互作用并相互转化。元素间的相互作用在《论生灭》中进行了讨论;相互作用的间接形式——类似化学反应——可在《气象学》第四卷里找到相关的讨论。

土倾向于向下运动,我们的地球自然就成了宇宙的中心。在地球和大气之外是月亮、太阳、行星和恒星。亚里士多德以地球为中心的天文学观点,即天体都位于一系列的同心圆上,不是他自己的创造。他不是专业的天文学家,但可依靠同时代天文学家欧多克斯和卡利普斯的著作获得观点。专著《论天》主要关注的是抽象天文学。亚里士多德的主要论点是,物理世界在空间上是有限的,而在时间上则是无限的:宇宙是一个巨大但有边界的球形体,无始无终地存在着。

图 16　13 世纪画有亚里士多德基本元素的一幅画："尘世间的基本元素或基本原料有四种：土、空气、火和水。每一种元素都可由四大基本能力或特性来界定——潮湿、干燥、冷和热。"

在地球和月球之间有“半空”。《气象学》研究这种半空，其拉丁语名 ta meteôra 可直译为“悬在半空的事物”。这个短语原来指的是云、雷电、雨、雪、霜、露水等诸如此类的现象——概括地说，指的就是天气现象；不过，很容易将它扩展，进而包括应该归类到天文学里的事物（比如流星、彗星、银河）或者应归类到地理学里的事物（比如江河、海洋、山等）。亚里士多德的《气象学》中含有他自己对这些现象的解释。该著作有很坚实的经验基础，又有强有力的理论指导。事实上，这种统一性很大程度上源自一个主导的理论概念——“蒸发”——的影响。亚里士多德认为，“蒸发”是土不断地进行水分散发。有两种蒸发：潮湿的或蒸汽的蒸发和干燥的或冒烟的蒸发。它们的行为可以用统一的方式解释发生在半空中的大多数现象。

在地球本身上，最显著的研究对象是有生命的事物以及它们的结构。“就动物结构而言，有的结构是不可分解的，即那些结构可分成成分完全一样的几份（比如，肉可分成成分完全一样的几块肉）；其他则是可分解的，即可分成成分不一样的几份（比如，一只手不能分成几个相同成分的手；脸不能分成几个相同成分的脸）……所有成分不一样的结构都是由成分一样的结构组合而成的，比如，手是由肉、肌腱和骨头构成的。”但是，在无生命和有生命的事物之间没有明显的界限；而且尽管有生命的事物能够以一种等级—— 一种重要性和复杂程度递增的“自然之梯”——来划分，等级的各个水平之间也不是截然分开的。在植物和最低等的动物之间就没有明确的界限；并且从最低等的动物到位于梯级顶端的人类，存在连续不断的进化关系。

这就是自然世界。而且永远是这样，在不断变化中体现不变的规律。

循环运动，即天的运动，已经被认为……是永恒的，因为天以及由之所决定的运动是由于必然性而形成，并将由于必然性而存在下去。因为，绕圆圈运动的事物如果总是推动其他事物运动，那么后者也必然作圆周运动——比如，上位天体在绕圆运动，太阳也在绕圆运动；于是，因为太阳的绕圆运动，便有了四季的轮回更替；因为有了四季的轮回更替，就有了受四季支配的事物。

那么，这个世界是如何受到支配的呢？是神灵使之运行的吗？从表面上看，亚里士多德是个传统的多神论者；至少，在他的遗嘱里，他安排在斯塔吉拉城同时建宙斯和雅典娜的雕像。但是，这样的仪式性行为并不反映他的哲学理念：

我们的远祖们以神话的形式把他们的痕迹流传给后代，大致的意思是，这些（即天体）是神并且神构成自然的一切。但是，其余通过神话形式增添的内容则或是为了教导俗众，或是为法律的制定，或是为了权宜。因为他们说，神和人是同形同性，并且神相像于其他某些动物——其他事物都随之发生并与之相类似；但是，如果你把他们说的话分开，只接受前半部分，即他们认为基本实在就是神，你就会认为他们说得极妙。

宙斯和雅典娜，奥林匹亚万神殿的诸多与人同形同性的神灵都是神话；不过“我们的远祖们”并非纯粹迷信的传播者。他们首先正确地或部分正确地看到,“基本实在”是神性的(“神对每个人来说都是因之一,是一种第一原则”),其次也看到应在天上寻找基本实在。

天体,亚里士多德经常称其为“神圣的实体”,其成分是一种特殊的原料——第五种元素或“最高的精髓”;因为“存在其他独立于我们周围实体的某种实体,它的本性更卓越,因为它远离它下面的世界”。既然“那是在思考和使用其智力时最神圣的事物的功能”,作为神圣的天体就必然是有生命的、有智力的。因为尽管“我们倾向于把它们看做不过是实体——呈现出秩序但却没有生命的单元——我们必须假定它们具有行为能力、分享了生命……我们必然认为星星的行为就像动物和植物的行为一样”。

在《物理学》第八卷里,亚里士多德论证存在一种自身不变的变化之源——通常称做“不动的原动力”。他认为如果宇宙里存在变化,必然存在某种原始之因,把变化带给他物而自身不发生变化。这种不动的原动力位于宇宙之外:“是必然存在还是必然不存在一种事物,它不发生变化,并且不管发生什么样的变化都置身于外、不在其中?对宇宙万物而言这一点也是必定正确的吗?如果变化原理也包括在其中,这理所当然是很荒谬的。”这种外在的原动力“出于爱好而引发变化;而其他事物通过自身变化而引发其他变化”。同心运动的球形天体以及它们所携带的天体都是精髓,是神圣的;但是它们都是移动着的神。在它们之外,在宇宙之外的无形之物便是第一位的神,自身不变却是所有变化的推动者。

我们如何解释所有这一切?一些学者似乎按字面意义来理解亚里士多德的话,在他的著作里发现到处都有活着的神——

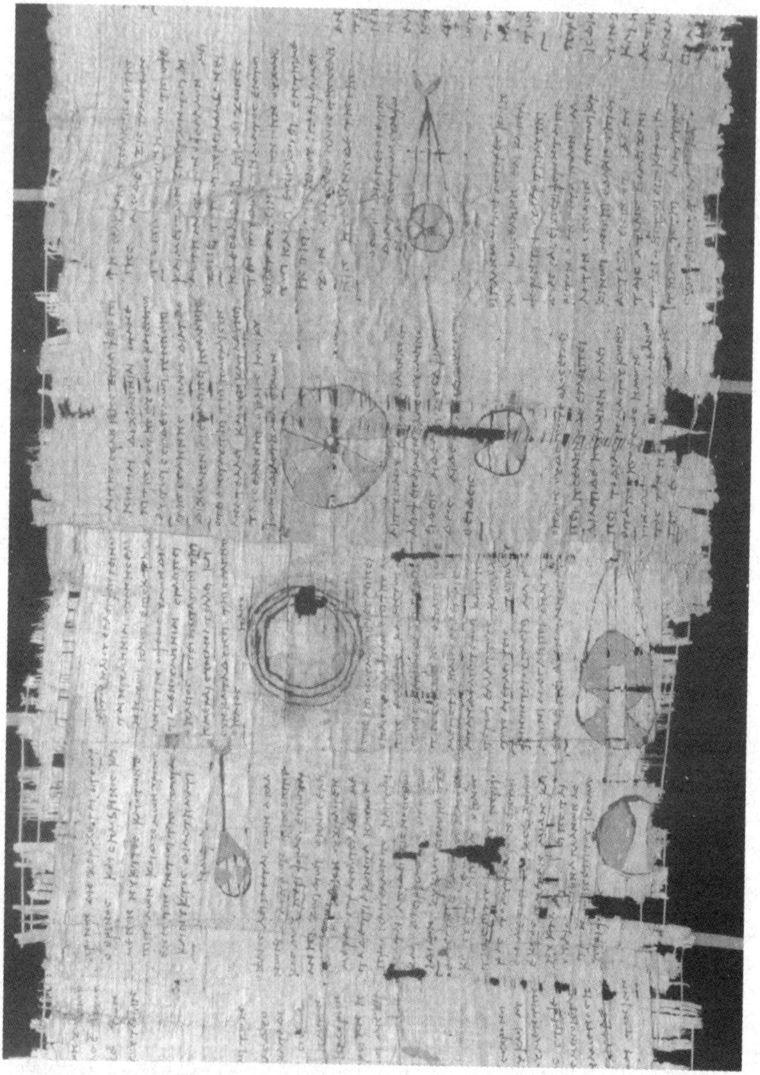

图 17 “亚里士多德以地球为中心的天文学观点，即天体都位于一系列的同心圆上，不是他自己的创造。他不是专业的天文学家，但可依靠同时代天文学家欧多克斯和卡利普斯的著作获得观点。”图为欧多克斯的著作《论天体》莎草纸版本(公元2世纪)的一部分。

他因此变成一个彻底的宗教科学家。其他学者则把亚里士多德使用的"神"和"神圣的"字眼看做一种说话方式:基本实在是神圣的仅仅是因为其他事物都依赖它们——亚里士多德又成了一位十足的世俗思想家。

这两个观点都不可信。在他的专题论著里出现那么多关于神的内容,我们无法忽视亚里士多德所作的神学阐述,把它们看做伪善的文字游戏。而另一方面,亚里士多德所说的神又是非常抽象、遥远而非人格化的,不能被视为宗教崇拜的对象。相反,我们也许可以把亚里士多德关于宇宙神性的论述与自然及其行为在他心中所引起的惊叹联系起来。"正是因为惊叹,人类才会着手研究哲学,从最初开始直到现在";而且这种研究如果开展适当,不会降低研究之初的羡慕之情。亚里士多德对他周围世界的价值和卓越之处怀有深深的敬意:

自然界以何种方式包含有好的和最好的——是作为单独、独立的事物,还是按照自己井然有序的方式?确切地说,就像部队那样,是同时以两种方式。因为一支部队的优秀之处既在于它的井然有序,又在于它的统帅,尤其是后者。因为不是他依赖井然有序,而是井然有序有赖于他。所有的事物——鱼、鸟和植物——都有某种方式被纳入秩序,不过方式不尽相同;说一物与另一物之间没有联系是不切实际的——它们之间有关联。

第十五章

心理学

自然界中的一个重要特征存在于这样的事实：一些自然实在是有生命的，其他的则没有生命。前者区别于后者之处在于，前者拥有希腊语所说的 psuchê。psuchê 一词（“心理学”和其他相关词汇就由它而来）通常被翻译成“灵魂”，而且亚里士多德的确把高级动物所具有的特征，即后来的思想家将其与灵魂相联系的特征，放在 psuchê 标题下阐述。但是“灵魂”是个让人误解的翻译。所有有生命的事物——不仅人类和神，对虾和三色紫罗兰——都有 psuchê，这一点不言而喻；但是要说对虾有灵魂就显得很古怪了，把灵魂放在三色紫罗兰身上就更古怪了。既然 psuchê 表示“使一个有生命的事物变得有生气或赋之以生命的事物”，也许可以用“animator”（生气给予者）这个词（尽管它会让人想到迪斯尼乐园）。（我总的来说会保留传统的“灵魂”译法，但也会偶尔使用“生气给予者”。）

灵魂或生气给予者存在不同的复杂程度。

> 一些事物拥有灵魂的所有能力，其他的拥有其中的一些，还有的只拥有其中的一种能力。我们所提到的能力包括获得营养的能力、感知能力、欲望能力、变化地点的能

> 力、思维能力。植物只拥有获得营养的能力。其他事物既有获得营养的能力,又具有感知的能力。并且,如果有了感知能力,就会有欲望能力。因为欲望能力包括欲望、爱好和希望;所有动物都至少有一种官能,即触觉;所有具有感知的事物也都会体验快乐和痛苦,高兴的事和痛苦的事;所有体验这些情感的事物同样会有欲望(因为欲望就是获取快乐的欲望)……此外,一些事物还有方位移动的能力;其他的还拥有思维和智力活动的能力。

在亚里士多德看来,思维需要想象力并由此需要感知力;因此,任何能思维的生物必然能够感知。感知力从未独立于生命的第一本能,即获取营养和繁衍的能力而存在。因此,各种各样的能力或者说灵魂的不同官能形成了一个等级体系。

什么是灵魂或者生气给予者呢?有生命的生物如何获得灵魂呢?

在专题论著《论灵魂》里,亚里士多德概要地描述了什么是灵魂或者生气给予者。他首先声称,“如果我们要陈述每类灵魂都共有的东西,那将是,灵魂是一个有器官的自然实体的第一种实现”。他后来又说,这样的叙述不是很明晰,于是作为改进他提出,“灵魂就是前文所说的能力(power)的行为准则,并由它们,即营养能力、感知能力、思维能力、运动能力来界定”。亚里士多德本人建议我们不要花太多的时间在这些概括上,而要集中精力研究灵魂的不同官能。

不过,这些概括有其重要性。亚里士多德对灵魂的第一个概括可以这样表述:一个事物如果有灵魂,它就是一个事实上具有官能的自然有机体。第二个概括解释的是这些官能是什么。因此,亚里士多德的灵魂不是有生命事物的部件,也不是塞进物质实体里的一些精神原料;相反,它们是许多组能力,许多组性能或官能。拥有灵魂类似于拥有一项技能。一个木匠的技能不是他身体的组成结构,负责他的技术行为;类似地,一个有生命的生物体的生气给予者或者说灵魂,也不是负责其生命活动的结构组成部分。

这样的灵魂观让亚里士多德很快得出了一些结论。首先,“人不应问灵魂和实体是否是合一的,正如不应该问一片石蜡与其形状是否合一,或者概括地问构成事物的物质和物质的属性是否合一”。不存在灵魂和实体的“统一”问题,也不存在灵魂和实体相互作用的问题。之后的笛卡尔疑惑不解的是,在世上像灵魂和实体这样如此不同的两个事物如何能共存、共事呢?对亚里士多德来说,就不存在这样的疑问。

第二,“灵魂——或者灵魂的组成部分,如果它是可分的——不独立于实体而存在,这一点很清楚”。填塞物不会独立于它所填塞的事物而存在。灵魂就是各种填塞物。因此,灵魂不会独立于实体而存在,正如技术也不会独立于有技术的人而存在。柏拉图曾经认为灵魂在人出生前就存在,并在它们赋予生命的实体死后还存在着。亚里士多德认为这是不可能的事。灵魂不是那种能独立存在的事物。我的技能、我的性情或者我的性格怎么会在我死后还存在呢?

亚里士多德对灵魂本质的一般看法,在他对不同生命官能的详细叙述里得到了阐释,这些官能包括获取营养能力、生殖繁衍能力、感知能力、运动能力、思维能力。这些官能是实体的官能,因而亚里士多德的心理学研究好像没有改变主题就产生了生物学转向。因此,举个例子来说,想象就被描述成“通过感知行为而进行的一种运动”;一种感知行为就是一种生理变化,并可产生进一步的生理变化,于是就构成了想象。一些人也许会提出反对,说亚里士多德忽视了想象的心理学方面而只关心其生理学表象。不过,亚里士多德认为心理学简直就是生理学,灵魂和它的组成部分就是身体的能力。

关于生气赋予的这种生物学观点在《论灵魂》和《自然诸短篇》论文集中贯穿始终。在《动物的生殖》中,亚里士多德追问灵魂或生气给予者来自何处:生物的生命是如何开始的?柏拉图所接受的一个流行观点是,生命在灵魂进入实体后就开始了。亚里士多德评论道:“很显然,这些本能的实现是物质行为,它们不能脱离实体而存在——比如,行走就不能离开脚;因此,它们不是来自外部——因为它们不能独自进入实体(它们是不可分离的),也不在某些实体中存在(因为精液是处于变化中的食物的残余物)。”这种“本能”或者说灵魂的能力是物质本能——赋予生气就是给一个实体赋予某些能力。因此,设想这些能力能在任何实体之外存在是荒谬的,就像说可以离开腿走路一样荒谬。灵魂不会从外部飘进胚胎之中。(原则上,它可以进入“某个实体”,也就是说,进入精液之中;但是,事实上,精液并不适于携带或传递这些能力。)

亚里士多德对获取营养能力、生殖能力、感知能力、欲望能力和运动能力的叙述都始终如一地采取生物学的视角。但是,当他转向最高级的心理官能——思维能力时,这种一致性受到了威胁。在《动物的生殖》中,在引用的句子后面,他紧接着说,“因此,只有思维来自外部,而且只有思维是神圣的;因为物质行为的实现与思维的实现没有任何关联”。思维似乎可以独立于实体而存在。专题论著《论灵魂》谈到思维时很谨慎,暗示思维也许可以与实体分开。在他所写的最令人费解的一段话中，亚里士多德区分了两种思维(后来被称为“积极的思维能力”和“消极的思维能力”)。就第一种思维能力，他说，“这种思维能力是可分离的、无动于衷的、非混合的，实质上是一种现实……并且在与实体分离后，它还是原来的样子，它本身是不朽的、永恒的”。

思维的这种特殊地位有赖于一种观点，即思维不涉及任何物质活动。但是，亚里士多德如何才能证明这样的观点正确呢？他对灵魂的概括描述表明思维是“自然有机体”所做的事情，并且他对思维本质的特定分析认为思维要依赖想象力，因此要依赖感知。即使思维本身不是物质活动，它也需要其他物质活动来进行。

亚里士多德对思维的处理一方面就其本身来说令人费解，另一方面又很难与他心理学研究的其他部分相一致。但是，这一事实和他生理学研究中的许多错误、不准确之处都不应该削弱他的著作对心理学的指引作用：他的著作敏锐地洞察了灵魂或生气给予者的本质，而且一直采用科学的方法去回答心理学问题。

第十六章

证据与理论

亚里士多德对世界的概括描述整个被推翻了。他的大部分解释现在看来是错误的。他使用的许多概念显得很粗糙、很不充分。他的一些思想似乎很荒谬。亚里士多德失败的主要原因很简单:在 16、17 世纪,科学家们使用定量研究方法来研究非生命世界,化学和物理逐渐起了主导作用。这两门学科似乎在某种程度上具有生物学所没有的基础性地位:他们研究的东西与生物学一样,但却从更严密的、数学的角度来研究——没有得到物理学和化学支持的生物学被认为是缺乏根据的。亚里士多德的物理学和化学与最近的科学家的著作相比是极不充分的。基于新科学之上的一个新"世界图景"取代了亚里士多德的观点;如果亚里士多德的生物学多存在一个世纪,它的存在只能像脱离躯干的一个肢体、巨大雕像的一块碎片一样。

亚里士多德为何没能创立一门像样的化学或一门合格的物理学呢? 他的失败很大程度上要归咎于当时概念的匮乏。他当时没有我们现在所说的质量、作用力、速度(velocity)、温度,因此他缺少物理学中最有力的一些概念工具。在一些情况下,他拥有的是一种粗糙而原始的概念形式——他知道什么是速度(speed),并能够称量物体。但是,他的速度概念在某种程度上是非定量性的;他没有测量速度,也不知道公里/每小时这样的概念。或者,再比如说温度。热是亚里士多德科学中的一个核心概念。热和冷是四大基本性能中的两个,而且热对动物的生命是至关重要的。亚里士多德的前人就什么样的物体是热的、什么样的物体是冷的存在分歧。亚里士多德评论说,“如果在热和冷上存在这么多争论,我们剩下的还有什么必须思考呢?——因为这些是我们所感知到的最明显的事物”。他怀疑争论的存在是“因为‘更热’一词有几种不同用法”,于是他对我们在判断事物热度时所采用的不同标准进行了长篇的分析。分析很细致,但在我们看来却有明显的缺陷:它没有提到测量。对亚里士多德来说,热是一个度的问题,但却不是一个可测量的度。在这种程度上说,他缺乏温度概念。

概念的匮乏与技术的贫乏密切相关。亚里士多德没有精确的时钟,根本就没有什么温度计。测量装置是要和定量概念仪器一起配合使用的。没有后者,单凭前者测量是难以想象的;但没有前者,后者也毫无用处。亚里士多德缺少了一样,也就等于两样都缺少。在前面一章里我曾提出,亚里士多德的动物学研究不受他的非定量研究方法的影响。自然科学的情况就不同了:没有实验设备的化学和没有数学的物理学就是糟糕的化学、糟糕的物理学。

指责亚里士多德概念的匮乏是很荒谬的:匮乏是一种缺少,不是一种失败。但是许多研究亚里士多德的学者倾向于把方法上和实质上的两项重要失败归咎于他本人。据称,首先一点是,亚里士多德经常让论据屈服于理论,即他总是由理论开始,然后曲解论据来适应理论;第二点是,他的自然科学著作里到处可见他孩子般的决心,说要寻找自然界里的各种计划和意图。我们先看一下方法论上的指责。请看下面一段话：

> 我们可以说植物属于土、生活在水中的动物属于水、陆地的动物属于空气……在这些区域里一定找不到属于第四种元素的生物；不过应该存在与火的状态相一致的物种——因为这被看做第四类实体。…… 但是这样的物种必须到月亮上才能找到；因为那很明显地具有第四种间距——不过那是另一个专题论著要讨论的问题了。

这段文字节选自关于某些生成问题而展开的一段复杂而有见地的讨论。把它看做一个玩笑会是很宽容的态度；但那一点也不是玩笑：亚里士多德使自己确信，存在着与他的四大元素中三种元素相对应的各种物种；他推理说，必然存在与第四种元素相对应的物种；由于不能在地球上找到这样的物种，他就认定它们是在月球上。有比这更荒谬的吗？有比这更不科学的吗？

是的，这段文字很荒谬，并且其他地方还有一两段这样的文字。但是所有的科学家都可能会有极端愚蠢的言行：在亚里士多德著作里这样愚蠢的段落极少，明智的读者不会太在意这些。相反，他会找到很多更能代表亚里士多德思想的段落。比如，在谈论天体运动时，亚里士多德写道：

> 至于有多少，我们现在就采用一些数学家所说的数字吧，为的是对这个问题有所了解，这样，我们的头脑就会掌握住某些确定的数字。至于未来，我们必须亲自探究，与其他研究者一起讨论这个问题；如果研究这些问题的人与刚才所提到的人观点不一样，双方的观点我们都得欢迎，不

过要听从那个更准确的观点。

此外他还说,“如果根据论点、同时也根据与之相关的论据进行判断,蜜蜂的生殖情况就是这样。但是我们还没有获得足够的论据:如果获得了足够的论据,我们这时必然要依靠感知而非论点——依靠论点的唯一条件是它们所证明的内容与现象一致”。亚里士多德对蜜蜂的生殖情况进行了详细而周到地描述。这种描述主要基于观察之上;但也有推测的成分,在某种程度上依靠理论进行推测。亚里士多德明确地承认自己描述中的推测部分,并且明确地认为推测应屈从于观察。当已知的事实论据不足的时候理论就必不可少了;但观察永远优先于理论推测。

亚里士多德在其他地方更为概括地论述了这一点:“我们必须首先了解动物间的差异,掌握关于它们的所有事实论据。之后,我们必须努力寻找其中的原因。因为一旦关于每一种动物的研究进行完毕,那就是程序所要求的自然方法;因为那样做了,我们进行的证明所涉及的主题和所依赖的原则就会变得很明确了。”此外他还论述道:

> 经验科学必须把原理传递下去——我的意思是,比如说经验天文学必须提供天文学的那些观测原理;因为当充分理解现象时,天文学证据就找到了。不管其他文科的还是理科的科学都与之类似。因此,如果在每个研究案例中理解了事实,那么我们的任务就是提供现成的证据。因为如果研究个案的所有真实数据都没有遗漏,我们就能发现每个存在证据的事物的证据,并能建立证据——弄清楚在

图 18“如果根据论点、同时也根据与之相关的论据进行判断，蜜蜂的生殖情况就是这样。但是我们还没有获得足够的论据……”

什么样的条件下不可能存在证据。

亚里士多德经常批评前人把理论置于事实之前。因此,他对柏拉图及其学派这样批评道:

在谈到现象时,他们主张那些与现象不一致的事物……他们如此地热衷于他们的原始原理,以至于他们表现得就像论文答辩中的那些答辩人;因为他们接受任何推理结果,认为他们占有真正的原理——似乎原理不应由他们的推理结果来判断,尤其不能由其目标来判定。在生产性科学中,目标就是产量;但是在自然科学中,目标就是任何可感知的事物。

没有比这再清楚不过的了。经验研究先于理论。事实依据要在探求原因之前收集。一个公理化演绎科学的构建(即生成证据),取决于"某个研究个案的所有真实数据"的获得。当然,亚里士多德从未掌握所有的事实;他常常在自己得到的是谬误的时候以为自己获得的是事实依据;他有时突然间就进入了理论推导状态。而且,理论应在某种程度上控制着事实数据的收集:杂乱无章的数据收集是一种非科学行为;这也许就是古代和现代的一些哲学家们所说的意思,即不存在不受理论侵蚀的纯事实。不过,尽管如此,有两点是非常清晰的:亚里士多德看得很清楚,观察是第一位的;他关于科学的主题论著——尤其是生物学著作——常常秉持这一观点。

在下一章里,我将讨论对亚里士多德的另一指责,即他天真地把自然界当做实现计划和意图的舞台。

第十七章

目的论

我们知道与自然生殖有关的因不止一种——即为了某物的因和变化原理的动因。因此,我们必须确定这两个因孰先孰后。看起来优先的似乎是我们所称的"为了某事的因";因为这是某事的理由,这种理由既是生产技能性产品的动因,又是自然产物的动因。因为,要么通过思维,要么通过感知,医生确定病人的健康,建筑工确定一所房屋的结构;然后他们就自己所做的每件事给出理由和原因,并解释他们为何这样做。为了某事的因或者说为了某种好处,在自然界的行为中要比人工技能的创造中更为普遍。

这里引用的是《动物结构》的开头一章,亚里士多德在这里宣布了他的自然目的论观点。自然界行为中的终极因不少于人类技能的创造行为中的终极因,为了解释自然现象我们必然要求助于"为了某事的因"。使用终极因进行的解释就是用"为了某种好处"进行的解释;因为如果鸭子长有带蹼的脚是为了游泳,那么长有带蹼的脚就是好的,即对鸭子有好处。终极因是第一位的,因为它们被认为是"(做)某事的理由":能够游泳是一只鸭子本质特征的一部分,那么要恰当描述成为一只鸭子有哪些特征，就得提到游泳。终极因不是出于理论考虑而强加给自然界的，它们是在自然界里所观察到的："我们看到不止一种类型的因。"["目的论"这个词来源于希腊单词 telos，这就是亚里士多德用来指"目的"(goal)的词：目的论解释就是应用目的或终极因进行的解释。]

亚里士多德在他的生物学著作里不断地寻求终极因。为何牙齿与动物结构的其他坚硬部分不一样，一直在不断地生长？

> 它们生长的原因，从"为了某物的因"意义上来讲，在于它们的功能。因为如果它们不生长的话就会很快地被磨掉——在某些年老的动物身上可以看到这一点，它们食量很大，牙齿却很小，牙齿被完全磨掉了，因为牙齿磨的速度比长的速度快。这也是自然界为何进行一种极为巧妙的设计以适应这种情况的原因所在；因为它使得牙齿的丧失与衰老和死亡相吻合。如果生命能延续一千年或一万年，那么牙齿一开始就会很巨大，而且经常地在长；因为即使牙齿在不断地长，它们仍然会被磨掉而不能咀嚼食物。关于牙齿为何生长的原因就说这么多。

还有，人类为何有双手？

> 阿那克萨哥拉[①]认为人类在动物中最聪明的原因在于他们有双手；但是较为合理的说法应该是，他们拥有双手

① 古希腊哲学家，对日食作过正确解释并相信物质由原子组成。——译注

是因为他们是最聪明的。因为手是工具；自然，像个智者，总是把每样东西赋予能够利用它的事物(比如把一支长笛给一个实际上已经会吹笛子的人要比为一个拥有笛子的人提供吹笛子的技能更好)；因为自然给更伟大、更优越的事物提供的是它们能力范围之内的事物，而不是反过来。因此，如果说这样更好，如果大自然在各种情况下都往最好处去做，那么人类就不是因为有了双手而最聪明，而是因为他们是动物中最聪明的才有了双手。

终极因经常与“必然性”形成对照，尤其是与动物的物质本性或动物结构所造成的限制形成对照。但是即使在运用必然性解释现象的地方，仍然有使用终极因进行解释的余地。为何水鸟长有带蹼的脚呢?

因为这些原因，它们长有带蹼的脚是必然的；因为某种更好的东西，它们为了生存而长这样的脚，由于生活在水里翅膀是毫无用处的，它们也许就长出对游泳有用的脚来。因为它们就像桨手所拿的桨、鱼所长的鳍那样可以划水；因此，如果鱼的鳍被破坏了或者水鸟的脚蹼没了，那么它们就再也不会游泳了。

亚里士多德的目的论有时可用一句口号来概括：“大自然不会徒劳地做任何事情”；他本人也常常用格言来表述这个意思。但是，尽管亚里士多德认为终极因遍及自然界，实际上不是每个地方都有终极因。“肝脏中的胆汁是一种残留物，没有什么用途——就像胃和肠道里的沉淀物一样。大自然有时甚至把残留物用于某些有利的目的；但是那不是在所有情形中寻求终极因的理由。”《动物的生殖》第五卷讨论的都是这类无目的性的动物结构。

自然行为和自然结构通常都有终极因；因为大自然不会徒劳地做任何事情。但是终极因受到必然性的限制：自然“在各种情况下”往最好处去做。而且，有时完全找不到终极因的存在。

《物理学》包括了许多支持自然目的论的论证。其中的一些论证依靠的是很有亚里士多德特色的概念——“技艺模仿自然”或者说“技艺是对自然的模仿物”：如果我们能在人工技术的产品中看到终极因，那么我们更能在自然界所造的事物中发现这些终极因。另一个观点进一步论证了《动物结构》里的这个主张——“我们看到”自然界中的终极因。

> 在其他动物中也非常显然，这些动物行动起来既不靠技能，也不经过研究或深思熟虑（因此有些人想知道蜘蛛、蚂蚁等动物是否靠推理或其他的智力活动来完成工作）。如果你这样一点一点研究，就会很显然地发现在植物中也存在有利于实现目标的现象——比如，植物的叶子是为了遮挡果实。所以，如果燕子筑巢、蜘蛛织网都是出于天性并为了某种原因，如果植物是为了果实而长叶子、为了吸取营养而向下而不是向上扎根，那么很显然，在这些自然生成并存在的事物中存在很多这种类型的因。

我们“看到”自然界里的各种终极因了吗？我们究竟应该看什么呢？“为了”和“为的是”短语似乎主要用于解释有意识的介质的目的性行为。那么，亚里士多德是在把介质性和目的性都赋予自然现象吗？他没有把目的性赋予动物和植物，也没有假定它们行为的终极因就是它们自己的企图。鸭子没有计划要长出带蹼的脚,植物也没有设计它们的叶子的功用。亚里士多德的目的论不是幼稚地把目的性赋予植物。那么,是否亚里士多德没有把目的性赋予自然生物但却赋予大自然了?在好几个段落里,亚里士多德都把自然看做自然界的能工巧匠;在这些段落里,我们倾向于把他说的自然(nature)首字母大写。比如这句话:"就像一个好管家,自然没有浪费任何可以派上好用场的东西。"对这样的段落不能轻描淡写地加以拒绝。但是,自然这一能工巧匠不可能完全是亚里士多德目的论中的自然;因为在生物学著作里进行详细的目的论解释时,他极少提到大自然的计划或一个伟大设计者的意图。

如果我们不用有意图的计划来解释亚里士多德的目的论,那么又如何来解释它呢?来看一看下面一段话:

> 蛇在交配时相互交织地粘在一起;而且据我观察,它们没有睾丸和阴茎——没有阴茎是因为它们没有腿,没有睾丸……是因为它们身体的长度。因为它们的身体自然就很长,如果在睾丸所在的地方再有延搁,精子就会因为行程耗时而变冷。(阴茎长的人也是这样:他们的生育能力就不如那些阴茎长度适中的人,因为冷的精液繁殖力低,而经过长途输送的精液就会变冷。)

如果蛇的精液必须在绕身体一周后再蜿蜒而行通过一对睾丸,它就会变冷、繁殖力降低——这就是蛇为什么没有睾丸的原因。(它们没有阴茎是因为阴茎自然地要位于两腿之间,而蛇没有腿。)为了成功地生育,蛇必须没有睾丸:如果不生育它们就不会生存繁衍,如果有了睾丸它们就不能生育。这就解释了蛇没有睾丸的原因。这种解释在内容上是异想天开的,但也是受人尊敬的那种解释。

总的说来,动物和植物的多数结构特征和行为特征都有某种功能。换言之,它们是用于执行一些对该生物来说至关重要的或至少是有用的生理活动:如果该生物不进行这样的生理活动,它就不能生存下去或者说生存很困难。要寻求对动物生命的了解,我们必须掌握与该动物结构和行为有关的各种功能。如果你仅知道鸭子有带蹼的脚并知道它们会游泳,你还没有完

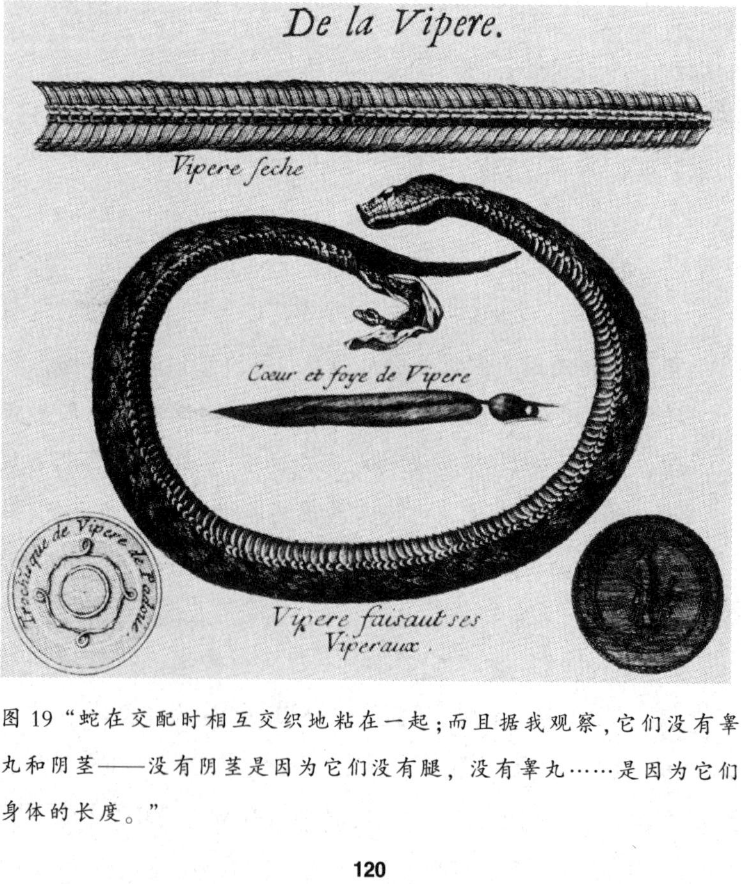

图 19“蛇在交配时相互交织地粘在一起;而且据我观察,它们没有睾丸和阴茎——没有阴茎是因为它们没有腿,没有睾丸……是因为它们身体的长度。”

全认识它们:你还要明白一点,脚蹼有助于游泳,并且游泳是鸭子生命的一个基本组成部分。

亚里士多德对此的表述是,“鸭子为何有带蹼的脚?”这一问题的一个答案是“为了游泳”。他的“为了……”听起来有点古怪,原因只在于我们首先把“为了”与意图性行为联系在一起了。亚里士多德把它首先与功能相联系,并且从本质上来看待功能。他无疑是正确的。自然界事物确实包含功能性结构,并表现出功能性行为;没有意识到这类功能的科学家也就忽略了他所研究的大部分内容。

“大自然不会徒劳地做任何事情”是科学研究的规定性原则。亚里士多德知道,大自然的某些方面是没有功能可言的。但是他承认,看清功能对理解自然非常关键。他关于自然之筹划性的格言不是天真的迷信,而是对自然科学家中心任务的提醒。

第十八章

实践哲学

前面几章都是关于理论学科的。亚里士多德本人把大部分时间都花在这个庞大的知识分支上，但他并没有忽视实践学科。事实上，在他最有名的专题论著中，《政治学》和《尼各马可伦理学》都属于实践哲学分支。这些著作不是手册、指南那种意义上的实践指导。相反，书中充满了分析和论证，并且它们都建立在大量的历史和科学研究之上。它们都是实践哲学著作，说它们是实践哲学是因为它们的目的或目标不仅仅是传播真理，而且还要影响行动："本专题论文不像其他论文那样为了理解而进行研究——我们现在进行的研究不是为了认识何为善，而是为了变成一个好人。"

亚里士多德写了两部伦理学：《尼各马可伦理学》和《欧德谟伦理学》。"伦理学"这一标题容易引起误解，亚里士多德实践哲学中两个关键术语被翻译成标准英语时也容易让人产生误解——"aretê"通常被翻译成"美德"，"eudaimonia"则常被翻译成"幸福"。有必要对这些词简单地说一说。

亚里士多德本人用"êthika"做这些专题论著的标题，这个希腊语单词被音译成英语"伦理学"，于是我们就有了"伦理学"的标题。但是，这个希腊语单词实际的意思是"与性格有关的问题”,更好的标题翻译应为“论性格问题”。至于“aretê”,该词的意思近似“优良”或“优点”:亚里士多德能用该词谈论一个人,也可谈论一个论点或一把斧头。谈论人时就表示人的优点:它表示使一个人成为好人的东西;它与我们所说的美德只有一种间接的联系。最后一点,“eudaimonia”不是英语单词“幸福”所表示的那种精神愉快状态,而是指兴旺、成功地生活,因此,eudaimonia 和幸福之间的联系又是间接的。

那么,亚里士多德的“伦理”哲学又是什么呢?“毫无疑问,说 eudaimonia 是最好的不会有争议,但是我们需要更清楚地表明它到底是什么。”我们每个人都想兴旺发达或都想表现良好,我们所有的行为,只要是合理的,都指向那个终极目标。于是,实践哲学的基本问题就可以这样表述:我们如何取得 eudaimonia?兴旺发达表现在哪些方面?怎样才算一个成功的人?亚里士多德不是在问什么能使我们幸福,他也不关注我们应该如何生活这样的问题——如果该问题被视为道德问题。他想指导我们如何在生活中获得成功。

他的答案建立在对 eudaimonia 本质的哲学分析上。他声称,eudaimonia 是“与优秀相一致的一种心灵活动”。说 eudaimonia 是一种“活动”就等于说兴旺发达包含做事情的意思,而不是指某种静止状态。(幸福状态——比如在爱恋中——是一种思想状态:兴旺发达不是一种状态,而是一种活动或者一组活动。)说 eudaimonia 关乎灵魂或者生气给予者,就等于说人的兴旺发达要求运用某些天赋,正是这些天赋标示了生命;尤其不能说一个人作为一个人的状态而兴旺发达,除非他明显地在运用人的天赋。最后一点,eudaimonia 是一种“与优秀相一致”的活动。兴旺发达就是把某些事情做得很出色、很好。一个人运用了他的天赋，但没有有效地运用或用得很糟糕，就不能算取得了成功。

那么，为取得成功而在行动时要做到的优秀又指的是什么呢？亚里士多德区分了性格上的优秀和智力上的优秀。前者既包括我们所说的道德优点——勇气、慷慨、公正等，又包括适当的自尊、适度的夸耀和风趣幽默等性情。后者包括诸如知识、良好的判断力、“实践性智慧”等。此外，亚里士多德还花了一些时间讨论友谊的准优秀品质。

人区别于动物在于他拥有理性和思维的能力。人身上“包含有神圣的东西——我们称之为智力的东西是神圣的”，并且我们的智力是“内在于我们的神圣的东西”。事实上，“我们每个人都是有智力的人，因为这是我们至高无上的、最好的元素”。因此，最切合人的优秀就是智力上的优秀，而且 eudaimonia 主要存在于与这些优秀相一致的活动中——它是智力活动的一种形式。“因此，对自然善——比如身体健康、财富、朋友或其他善——的任何选择或拥有，只要能最佳地引发神灵般的思考（也就是说，用我们的智力，内在于我们的神进行思考），就是最好的，就是最完美的标准；而任何不管是因为不足还是过剩、阻碍我们体内神的培养或阻碍我们思考的选择或拥有，就是不好的。”要兴旺发达，要取得成功，就需要进行智力上的追求。亚里士多德认为这样的追求给人以无限的乐趣，智力生活给人提供了无与伦比的幸福；不过，他在《伦理学》中的主要论点不是幸福存在于智力活动，而是卓越的智力活动构成了人的成功或兴旺发达。历史上的智慧大师们也许不是幸福的人，但他们却都是成功的人：他们都兴旺发达，并达到了eudaimonia。

光有智力活动还是不够的。人类不是一个个孤立的个体，

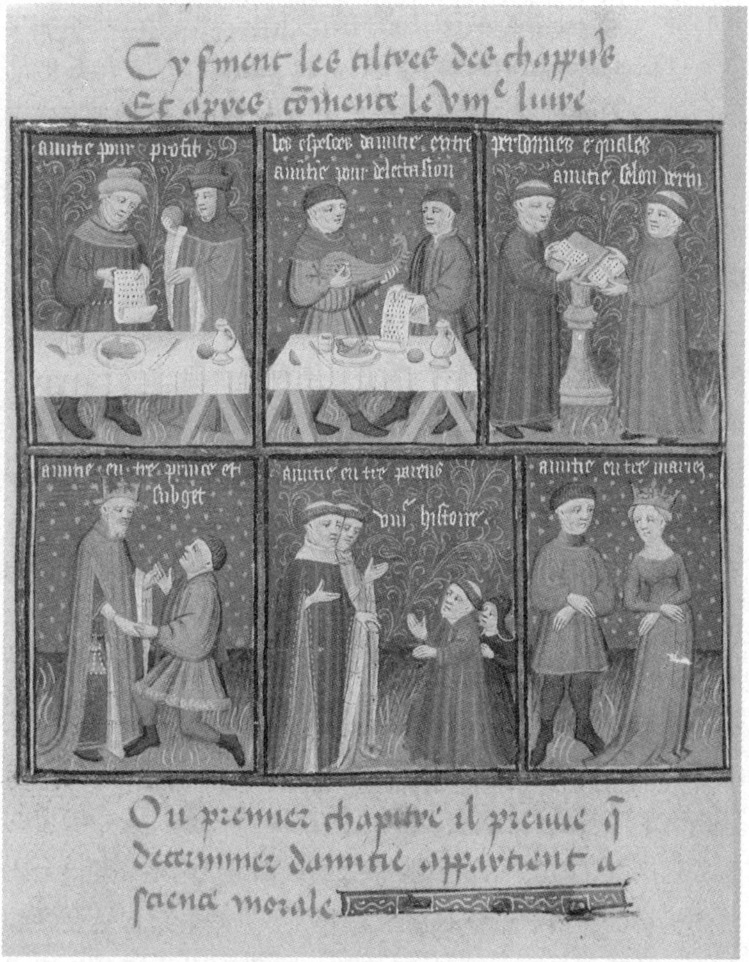

图 20 “人类不是一个个孤立的个体，人类的优点不能由遁世者来践行。”《尼各马可伦理学》花了很大篇幅讨论友谊和友谊的类型——这幅中世纪的图画阐释了友谊的类型。

人类的优点不能由遁世者来践行。亚里士多德认为，“人从本质上来说是政治动物”。这样的评论不是因果关系的格言，而是生物学理论的一部分。“政治动物是指整个群体中的所有个体会共同参与某种活动的动物（这对所有群居动物而言并非都正确）；这样的动物包括人类、蜜蜂、黄蜂、蚂蚁、鹤。”“与其他动物相比，人的特别之处在于他们能单独地认识到好与坏、公正与不公正，等等——并且，正是在这些方面进行合作才能建立家庭和国家。”社会和国家不是强加到自然人身上的人工装饰品：它们是人类本性的表现形式。

社会以不同的形式出现。在亚里士多德的国家概念中第一点要强调的是国家的规模。“一个国家不可能只由十个人组成——并且由十万人组成的也不是一个国家。”希腊城邦的历史构成亚里士多德政治理论的现实背景，而希腊城邦大多数都是侏儒国家。它们常常受到派系斗争而分裂，它们的独立最后随着马其顿帝国的崛起而毁灭。亚里士多德很熟悉派系斗争的祸害（《政治学》第五卷就对国内斗争的原因进行了分析），而且他与马其顿宫廷的关系很密切；不过他从未放弃一个观点，即小城邦是合适的——自然的——公民社会形式。

一个国家就是一个公民集合体；在亚里士多德看来，“没有什么比承担司法和政治职责更能界定”一个公民。一个国家的事务直接由它的公民来管理。每个公民都是这个国家的议会或协商机构的一员，他有资格担当国家的不同职务，包括金融和军事上的委任；他也是司法机构的一分子（因为在希腊法律实践中，法官和陪审团的功能没有区分开）。

一个公民的政治权力有多大，这要根据他所在国家的政体类型来确定，不同的政体授予不同的人或机构立法和确定公共政策的权力。亚里士多德对政体进行了复杂的分类，三大类型分别是君主制、贵族制和民主制。在某些情况下，他偏爱君主制：“当整个家庭或一个人非常出众、他的优点超过其他所有人时，这个家庭或这个人就应成为国王，对所有问题都有至高无上的权力。”但是，这样的情况是极少的或者说是不存在的，因而在实践中亚里士多德更喜欢民主制：“主张大众而非少数精英进行统治的观点……似乎是对的。尽管并非每个人都是精英，然而当他们合在一起就可能会做得更好——不是作为个体，而是集体行动；这就好比费用共摊的聚餐要比一个人掏腰包的宴请更好。”

一个国家，不管实行何种政体，都必须是自足的，并且必须达到国家为之而存在的目标或目的。

> 很明显，国家不是为了避免相互伤害和促进贸易而建立的一个地区共享机构。一个国家要存在，这些是必然要具备的；但是即使这些条件都有了，一个国家也并非因此就建立了。相反，国家是拥有良善生活的家庭或家族为了一种完善而自足的生活所建立的共享机构。

“良善生活”是国家的目标，与作为个人目标的 eudaimonia 是一回事。国家是自然实体，像其他自然事物一样具有目标或目的。目的论既是亚里士多德生物学的一个特征，又是亚里士多德政治理论的一个特征。

国家目标这个概念与另一个崇高的理念相关联。“民主政体的一个根本原则就是自由。自由的一种形式就是依次轮流进行统治和被统治。另一种形式就是过自己想要的生活；人们认为这就是自由的目标，因为不能像自己所希望的那样生活是奴隶的标志。”国内的自由要以和平的对外政策为补充；亚里士多德设想的国家，尽管为了国防而保有武装，却不会怀有帝国主义野心。但是当亚里士多德由这些一般性问题转到具体的政治安排上时，这种慷慨的感情就被抛诸脑后或受到了抑制。

他对外交政策没有什么发言权。（但是有必要注意的是，据说他曾建议亚历山大大帝“像一个领导那样对待希腊人，而对待其他外国人则像主人；像对待朋友和亲戚那样关心前者，对待后者则像对待动物或植物那样”。）他对国内政策则有更大的发言权。而且同时很明显的是，自由事实上将被严格地限制在亚里士多德所主张的国家里。首先，自由是公民的特权，而大多数人口将不会拥有公民权。妇女不是公民。还有奴隶，也不是公民。在亚里士多德看来，一些人天生就是奴隶，因此可以把他们变成事实上的奴隶。“一些人，作为一个人来说，天生就不属于自己，而是属于他人，因而天生就是一个奴隶。如果作为一个人，他只是一项财产，那么他就属于别人——财产只是帮助主人做事情的工具，并可与主人分离开。”奴隶也许会过上好的生活——他们也许会遇到仁慈的主人。但是他们没有自由、没有权利。

公民可拥有奴隶，还可拥有其他形式的财产。亚里士多德最终是反对共产主义制度的。但是他的财产概念是有条件的：“很明显，财产应该私有，这样更好些——不过人们应当可以共同使用。”他又立刻补充道，“立法者有责任确保公民们都这样做”。国家不拥有生产工具，也不会去指导经济发展；但是立法机构要确保公民的经济行为得到适当的控制。国家对经济事务不加干涉，对社会事务则强力管制。在《政治学》最后一卷里，亚里士多德开始描述他的乌托邦或者说他的理想国家。（《政治学》也许是亚里士多德的未完成之作：不管怎样，对乌托邦的描述只是一个不完整的片段。）国家在人出生前就开始干预其生活了："由于立法者必须从一开始就考虑该国所养育的孩子如何能获得最佳的体格，他必须首先关注两性的结合，确定什么时候在什么样的人之间建立婚姻关系。"这样的干预在怀孕期间一直持续着，在儿童时期，尤其是在教育方面这样的干预逐渐加大：

> 立法者尤其必须忙于年轻一代的教育问题，无人会对此有异议……因为整个城邦只有一个目标，很明显地，必须给每个人提供一样的教育，对此事务的监督应该是公众行为，而不是个别人的事……公共事务应由公众来管理；我们不应认为每个公民都是属于他自己，而应认为他们都属于国家。

亚里士多德非常详细地描述了国家应该控制公民生活的各种各样的方法。尽管出发点是仁爱的，每一种控制却都是对自由的一种削弱；在亚里士多德公民"都属于国家"的主张里，读者可觉察到极权主义的最初声音。如果说亚里士多德热爱自由，他爱得不彻底。他的"国家"高度专制。哪儿出了问题？一些人也许怀疑亚里士多德在一开始就错了。他非常自信地赋予国家一种非常积极的功能，设想国家的目标是促进良善生活。如果是这样，不难想象的是，渴望改善人类生存条件的国家也许就会在人类生活的各个方面进行适度的干预，也许就会迫使国民做任何会使他们幸福的事情。那些把国家看做**善**的促进者的人最后倒成了压制政策的提倡者。自由的热爱者更倾向于给国家赋予一种消极功能，把国家看做一种防御手段，保护国民不受**恶**之侵害。

第十九章

艺术观

有人指责亚里士多德对于良善生活的理解是一种狭隘的知识观：似乎荷马、菲迪亚斯[①]、伦布兰特[②]和巴赫不会被视为成功的典范或 eudaimonia 的例证。这样的指责很可能是不公正的；因为《伦理学》中所提出的“沉思”理念是个很大的概念——大得也许足以包含一个艺术天才或文学天才的生活。尽管如此，亚里士多德实际上很羡慕这样的天才：在他幸存的艺术论著中，每一页都洋溢着这种羡慕之情。

《诗学》很短，而且只有一半幸存下来。它含有一篇论述语言和语言学的论文，《修辞学》第三卷中对文体风格的论述可看做对该论文的补充。《诗学》也论及情感问题，而在《修辞学》第二卷里亚里士多德对之作了详尽而细致地讨论。但《诗学》的主要内容是评论家们所认为的文学理论或文学评论——尤其是关于悲剧的理论和评论。但那不是亚里士多德对其作品的确切看法；因为《诗学》是对“生产性”科学的一个贡献。换言之，《诗学》的主要目的不是告诉我们如何评判一件艺术作品，而是如何生产出一件艺术作品。

① 菲迪亚斯（约前 490—前 430），古希腊雕刻家。——译注

② 伦布兰特（1606—1669），荷兰画家。—— 译注

图 21 这是一个希腊花瓶上的彩绘，展现的是一个主人和一个仆人出门旅行的戏剧场景。

亚里士多德认为，所有艺术都是表现或“模仿”的问题。“史诗、悲剧诗歌、喜剧、祭酒神赞歌以及大多数长笛和竖琴音乐，总体上都是模仿。”艺术模仿或表现人类的生活，尤其表现人类的行为。人的行为在特征上各有不同，“正是这方面的差异才将悲剧和喜剧区分开来；因为喜剧被认为是模仿那些境况比当今的人更糟糕的人，悲剧则模仿那些境况比当今的人更好的人”。《诗学》大部分内容都致力于对悲剧的阐述。讨论是由一个定义展开的。“悲剧是对严肃而完整的、并有重大意义的行为进行的一种模仿。其语言得到很好的趣味加工，不同的部分使用不同的加工方式。它是以戏剧而不是叙述的形式展开的。它通过同情和恐惧达到一种情感的净化。”

在亚里士多德后来所区分的悲剧六要素，即情节、人物、语言、思想、表演场景、歌曲中，情节是最重要的：正是借助于情节悲剧才是“完整的”或者是统一的；也正是通过情节，悲剧才会实现它的净化功能。尤其是，“悲剧影响情感的主要手段就是情节的某些部分，即发现和逆转”。情节围绕着一个中心人物，也就是后来所说的“悲剧英雄”而展开，他必须是这样一个人，“在优点和美德上并不是十分突出，也不是因为自己的恶劣和恶行，而是由于某些阴差阳错陷入不幸——是个有很高声誉和很好运气的人，就像俄狄浦斯或梯厄斯忒斯，或者出身这类家庭的名人”。悲剧的主角享有极大的成功(比如俄狄浦斯就成为底比斯国王)。他也犯下某种“错误”(俄狄浦斯不知情地杀死了父亲，并娶了母亲为妻)。这个错误被发现了，于是发生了“逆转”(俄狄浦斯的母亲自杀，他自己则自刺双目，遭到放逐而离开底比斯)。通过有机的统一和暗含的普遍性，这个悲剧故事对观众的感情产生影响。

亚里士多德的悲剧观点对后来的欧洲戏剧史产生过深远的影响，但目光却存在局限。他对悲剧的定义很难适用于莎士比亚的悲剧，更别说现代剧作家的作品了——现代作品的主角或非正统主角既没有俄狄浦斯那样的社会地位，也没有他那样的辉煌历史。不过,亚里士多德并非想提出一个永远都正确的悲剧理论。他只是在告诉那些在希腊的舞台传统下工作的同代人,如何写一个剧本。(他的建议建立在对希腊戏剧史进行的大量经验研究之上。)此外,亚里士多德对悲剧的目标的理解也很古怪:悲剧永远或作为一个规则要净化观众的同情和恐惧吗?如果是这样,是否就可以认为这种情感净化是悲剧的首要功能呢?(说到这一点的话,为何要假设悲剧有任何功能呢?)不管怎样,如果悲剧有情感的一面,也就有审美和理性的一面。

亚里士多德没有在他的悲剧定义里突出这些方面,但他是知道的。事实上,《诗学》的很多内容都隐约地讨论了审美的问题,因为他讨论了"经过趣味加工的语言"和悲剧所要求的节奏。关于艺术的理性方面,亚里士多德是这样说的:

> 每个人都喜欢模仿。实际生活中发生的情形表明了这一点,因为我们喜欢观察某些事物之间准确的相像之处——单就这些事物本身来说很难看出——比如最污秽的动物和尸体的形式。个中原因在于,学习不仅对哲学家来说是最快乐的事,而且对其他人来说也是如此,即使他们只是短暂地享受这种快乐。这就是我们为何喜欢寻求相似点的原因——我们在看的时候意识到、推断到每个事物是什么,并说"这就是他"。

学习的乐趣是生产性学科的一个重要因素。沉思或认识的完成是 eudaimonia 的首要组成部分,eudaimonia 则是实践学科的目标。真理和知识是理论学科的直接目标。对知识的渴望——亚里士多德认为这是每个人本性的一部分,也是他自己个性的主要方面——影响着亚里士多德哲学的三大组成部分，并使之成为一体。

第二十章
死后的影响

在亚里士多德死后,他的朋友和学生泰奥弗拉斯多继承了他的衣钵;在后者的带领下,吕克昂依然是科学和哲学研究的一个中心。但到了公元前3世纪,亚里士多德学派逐渐暗淡下来。其他思想流派——斯多葛学派、伊壁鸠鲁学派、怀疑论学派——主导了哲学的舞台,各门学科也都脱离哲学而独立发展,成为专门学者的研究领域。

不过,亚里士多德从未被人们忘记过,他的著作不止一次地复兴。从公元1世纪到6世纪,一系列学术评论家保存其著作、重振其思想。对亚里士多德的再次关注是在公元8世纪的拜占庭城。后来,到了公元12世纪,亚里士多德著作传到西欧,有学识的人得以阅读,并将其翻译成拉丁文,译本得到广泛传播、广泛阅读。亚里士多德被权威地尊称为"哲学家"。他的思想全面扩散开来,教会有意无意地想对其作品加以抑制,然而这种努力只不过巩固了这些作品的权威地位。亚里士多德的哲学和亚里士多德的科学几乎毫不动摇地统治西欧大约四个世纪。

要叙述亚里士多德死后的思想影响几乎就等于要描述欧洲的思想史。部分地说,他的影响根本而直接:亚里士多德的许多学说和信念被作为既定真理来传播;他的观点或对观点的思考在哲学家和科学家、历史学家和神学家、诗人和剧作家的作品里随处可见。但这种影响还有更细微之处。亚里士多德思想的内容和结构都给后代留下深刻的印象。吕克昂里所使用的概念和术语提供了哲学和科学赖以发展的媒介，所以，即使那些决心反驳亚里士多德的激进思想家，最后也发现自己在用亚里士多德的语言进行反驳。当我们今天谈论物质和形式、种和属、能量和潜能、实体和质量、偶然性和本质时，我们就不经意地在说亚里士多德的哲学语言，在使用两千年前希腊所形成的术语和概念进行思考。

值得补充的是，现代所说的科学方法的概念完全是亚里士多德式的。科学经验主义——抽象论证必须服从于事实根据、理论要经过严格的观察后方能定论好坏——现在看起来是一种常识了；但是过去可不是这样，主要是因为亚里士多德我们才把科学理解为一种经验追求。即便只是因为亚里士多德最著名的英国评论家弗朗西斯·培根和约翰·洛克都是坚定的经验主义者，并自认为自己的经验主义摆脱了亚里士多德的传统，我们就需要强调这一点。有人指责亚里士多德，说他更喜欢的是浅薄的理论和贫瘠的三段论演绎法，而不喜欢坚实的、丰富的事实数据。这样的指责令人不可容忍；它们来自那些没有足够仔细阅读亚里士多德本人著作的人，这些人把亚里士多德的继承者所犯的错误归咎到他本人身上来批评他。

亚里士多德影响巨大。但影响和伟大之处不是一回事，我们也许仍然要问是什么使得亚里士多德成为一位大师——正如但丁称呼他的，“是那些有知识的人的老师”——而且为何他现在仍然值得我们读呢？他最伟大的单个成就当然是生物学。通过那些记载在《动物研究》、《动物结构》和《动物的生殖》中的研究工作，他创立了生物学，并把它建立在可靠的经验基础和

图 22 位于阿富汗阿伊·哈努姆的健身室。该城由亚历山大大帝麾下士兵所建，亚里士多德的学生克利尔库斯曾到此。本书 102 页插图中的抽象碎片正是在此健身室附近发现的。

哲学基础之上；他所赋予该学科的结构轮廓一直保留到19世纪才被打破。仅次于生物学的是他的逻辑学。亚里士多德在这方面也创立了一门新学科，亚里士多德的逻辑学直到上世纪[①]末一直充当着欧洲思想中的逻辑学。只有极少数人创立了一门学科；而除了亚里士多德，还没有人创立过两门学科。

不过，亚里士多德的生物学和逻辑学现在都已过时了。如果想学生物学或逻辑学，我们不会再去学亚里士多德的专题论著：它们现在只具有历史价值了。亚里士多德那些哲学味更浓厚的作品却不是这样。《物理学》、《形而上学》和《伦理学》中的文章还没有他的逻辑学和生物学那么可信、那么完善、那么科学；不过吊诡的是，它们却更有生命力。因为，在这方面亚里士多德仍然无人能及。比如，《伦理学》当然能作为历史文献来阅读——作为公元前4世纪实践哲学发展状态的证据来阅读。但它又可作为对当代辩论，甚至所有时代的辩论的一种贡献来阅读。当今的哲学家就是以这种方式来阅读亚里士多德的，他们把他看做一个杰出的同事。

最后一点，亚里士多德在他的著作里明确地、同时在他的生活里也隐约地向我们树立了一个优秀之人的典范。亚里士多德所设想的优秀之人也许不是唯一的典范或独一无二的理想模型；但他无疑是一个值得赞美的典型，要效仿他可是个不小的志向。我以《动物结构》里的一篇短文来结束本书，这段文字表述了亚里士多德所设想的优秀之人的一些最优秀之处。

就自然实体而言，我们认为一些实体永远都没有生和灭，其他的则存在生和灭。前者是可敬的、神圣的，不过我们对它们的研究是不充分的，因为我们在研究它们和研究

① 本书写于20世纪，这里的“上世纪”指19世纪。——编注

我们渴望认识的事物时所要求的证据，能为我们感知的却极少。但是关于会灭亡的实体——植物和动物，我们就知识而言状况要好得多；因为我们生长在其中，任何不畏繁难的人都可以学到关于每一类实体的很多真理。这两类实

图 23 亚里士多德与赫尔匹里斯，根据中世纪一部普通的幻想小说绘制。

体中的每一类都能给人乐趣：即使我们对前者理解得很浅，然而，它们的价值使得对它们的认识要比对我们周围所有事物的认识都更加令人快乐（正如我们发现我们所爱事物的微小结构时要比清楚地看见许多巨大事物时更加高兴）。另一方面，由于我们对后一类实体有更好更多的认识，我们对它们的理解就有某种优越性——此外，因为它们更接近我们、与我们的本性更加相似，它们获得了某种很有价值的、可与对神圣事物的哲学研究相媲美的东西。

由于我们已经研究了后者并形成了自己的观点，我们现在必须讨论动物的本性，直到重要的和不甚重要的都毫无遗漏地得到讨论为止。因为，即使在那些令我们的感官不太愉悦的研究中，那些塑造着研究对象的本性仍然会给能洞悉事物原因的学者带来无限的乐趣，同时也自然地具有哲学意义。因为出现以下情形是很不合理、很荒谬的：当我们一面思索这类自然物之间的相似之处，一面又在思考为之作画的画家或为之雕塑的雕刻家的技巧、因而乐在其中时，我们就不能在对自然事物本身的思考中获得更多的乐趣，尤其是当我们能够洞悉它们的原因所在时。因此，我们不应幼稚地抗议对那些价值不高的动物进行研究，每样自然事物都有非凡之处。

赫拉克利特曾经有一些拜访者，他们希望见到赫拉克利特，却在看到他于火炉旁取暖时踌躇不前。据说赫拉克利特曾对这些人说："进来吧，大胆些：这里还有很多神灵呢。"同样地，我们应该不带有任何遗憾地研究每样动物；因为，在它们的身上都有自然的一面、美好的一面。

亚里士多德年表

公元前 384 年：亚里士多德出生于斯塔吉拉城

公元前 367 年：亚里士多德移居到雅典并加入柏拉图的学园

公元前 356 年：亚历山大大帝出生

公元前 347 年：柏拉图去世；亚里士多德离开雅典到阿特内斯找赫尔米亚，并定居在阿索斯城堡

公元前 345 年：亚里士多德搬迁到莱斯博斯岛上的米蒂利尼居住（后来又回到斯塔吉拉）

公元前 343 年：马其顿国王腓力二世邀请亚里士多德到米埃萨做小亚历山大的老师

公元前 341 年：赫尔米亚去世

公元前 336 年：腓力二世被杀；亚历山大登基

公元前 335 年：亚里士多德回到雅典，开始在吕克昂里教学

公元前 323 年：亚历山大去世

公元前 322 年：亚里士多德离开雅典去哈尔基斯，并在那里去世

索引

（条目后的数字为原文页码）

D

E

F

N

O

P

Q

R

S

T

U

V

W

Z

Jonathan Barnes

ARISTOTLE

A Very Short Introduction

Contents

List of Illustrations

The publisher and the author apologize for any errors or omissions in the above list. If contacted they will be pleased to rectify these at the earliest opportunity.

List of Maps

Chapter 1
The Man and His Work

Aristotle died in the autumn of 322 BC. He was sixty-two and at the height of his powers: a scholar whose scientific explorations were as wide-ranging as his philosophical speculations were profound; a teacher who enchanted and inspired the brightest youth of Greece; a public figure who lived a turbulent life in a turbulent world. He bestrode antiquity like an intellectual colossus. No man before him had contributed so much to learning. No man after him might aspire to rival his achievements.

Of Aristotle's character and personality little is known. He came from a rich family. He was allegedly a dandy, wearing rings on his fingers and cutting his hair fashionably short. He suffered from poor digestion, and is said to have been spindle-shanked. He was a good speaker, lucid in his lectures, persuasive in conversation; and he had a mordant wit. His enemies, who were numerous, accused him of arrogance. His will, which has survived, is a generous document. His philosophical writings are impersonal; but they suggest that he prized both friendship and self-sufficiency, and that, while conscious of his place in an honourable tradition, he was properly proud of his own attainments. As a man, he was, perhaps, admirable rather than amiable.

That is thin material for a biographer; and we may not hope to know Aristotle as we might know Albert Einstein or Bertrand Russell – he

1. 'Aristotle was a dandy, wearing rings on his fingers and cutting his hair fashionably short.' The sculptor of this bust – perhaps a copy of one commissioned by Alexander the Great – saw him otherwise.

lived too long ago and the abyss of time has swallowed up the facts of his life. One thing, however, can be said with reasonable confidence: throughout his life Aristotle was driven by one overmastering desire – the desire for knowledge. His whole career and his every known activity testify to the fact: he was concerned before all else to promote the discovery of truth and to increase the sum of human knowledge.

He did not think himself singular in possessing such a desire, even if he pursued his object with a singular devotion; for he affirmed that 'all men by nature desire to know', and he claimed that each one of us is, most properly speaking, to be identified with his mind, so that life – a fully human life – is 'the activity of the mind'. In an early work, the *Protrepticus* or *Exhortation to Philosophy*, Aristotle announced that 'the acquisition of wisdom is pleasant; all men feel at home in philosophy and wish to spend time on it, leaving all other things aside'. The word 'philosophy' designates, etymologically, the love of wisdom; and a philosopher, in Aristotle's book, is not a cloistered academic engaged in remote and abstract speculation – he is someone who searches for 'knowledge of things human and divine'. In one of his later works, the *Nicomachean Ethics*, Aristotle argues that 'happiness' – that state of mind in which men realize themselves and flourish best – consists in a life of intellectual activity. Is not such a life too godlike for mere mortals to sustain? No; for 'we must not listen to those who urge us to think human thoughts since we are human, and mortal thoughts since we are mortal; rather, we should as far as possible immortalize ourselves and do all we can to live by the finest element in us – for if in bulk it is small, in power and worth it is far greater than anything else'.

A man's proper aim is to immortalize himself, to imitate the gods; for in doing so he becomes most fully a man and most fully himself. Such self-realization requires him to act on that desire for knowledge which as a man he naturally possesses. Aristotle's recipe for 'happiness' may be thought severe or restricted, and he was surely optimistic in ascribing to the generality of mankind his own passionate desire for learning. But his recipe came from the heart: he counsels us to live our lives as he himself tried to live his own.

One of Aristotle's ancient biographers remarks that 'he wrote a large number of books which I have thought it appropriate to list because of the man's excellence in every field': there follows a list of some 150 items, which, taken together and published in the modern style, would amount to perhaps fifty substantial volumes of print. And the list does not include all of Aristotle's writings – indeed, it fails to mention two of the works, the *Metaphysics* and the *Nicomachean Ethics*, for which he is today most renowned. It is a vast output; yet it is more remarkable for its scope and variety than for its quantity. The catalogue of his titles includes *On Justice*, *On the Poets*, *On Wealth*, *On the Soul*, *On Pleasure*, *On the Sciences*, *On Species and Genus*, *Deductions*, *Definitions*, *Lectures on Political Theory* (in eight books), *The Art of Rhetoric*, *On the Pythagoreans*, *On Animals* (in nine books), *Dissections* (in seven books), *On Plants*, *On Motion*, *On Astronomy*, *Homeric Problems* (in six books), *On Magnets*, *Olympic Victors*, *Proverbs*, *On the River Nile*. There are works on logic and on language; on the arts; on ethics and politics and law; on constitutional history and on intellectual history; on psychology and physiology; on natural history – zoology, biology, botany; on chemistry, astronomy, mechanics, mathematics; on the philosophy of science and on the nature of motion and space and time; on metaphysics and the theory of knowledge. Choose a field of research, and Aristotle laboured in it; pick an area of human endeavour, and Aristotle discoursed upon it.

Of all these writings barely one-fifth has survived. But the surviving fraction contains samples of most of his studies, and although the major part of his life's work is lost, we may still form a rounded idea of his activities.

Most of the surviving writings were perhaps never intended to be read;

for it seems likely that the treatises which we possess were made up from Aristotle's lecture notes. The notes were made for his own use and not for public dissemination. They were no doubt tinkered with over a period of years. Moreover, although some of the treatises owe their structure to Aristotle himself, others were plainly put together by later editors – the *Nicomachean Ethics* is evidently not a unitary work, the *Metaphysics* is plainly a set of essays rather than a continuous treatise. In the light of this, it will hardly be a surprise to find that the style of Aristotle's works is often rugged. Plato's dialogues are finished literary artefacts, the subtleties of their thought matched by the tricks of their language. Aristotle's writings for the most part are terse. His arguments are concise. There are abrupt transitions, inelegant repetitions, obscure allusions. Paragraphs of continuous exposition are set among staccato jottings. The language is spare and sinewy. If the treatises are unpolished, that is in part because Aristotle had felt no need and no urge to take down the beeswax. But only in part; for Aristotle had reflected on the appropriate style for scientific writing and he favoured simplicity. 'In every form of instruction there is some small need to pay attention to language; for it makes a difference with regard to making things clear whether we speak in this or that way. But it does not make *much* of a difference: all these things are show and directed at the hearer – which is why no one teaches geometry in this way.' Aristotle could write finely – his style was praised by ancient critics who read works of his which we cannot – and some parts of the surviving items are done with power and even with panache. But fine words butter no parsnips, and fine language yields no scientific profit.

The reader who opens his Aristotle and expects to find a systematic disquisition on some philosophical subject or an orderly textbook of scientific instruction, will be brought up short: Aristotle's treatises are not like that. But reading the treatises is not a dull slog. Aristotle has a vigour which is the more attractive the better it is known; and the treatises, which have none of the camouflage of Plato's dialogues, reveal their author's thoughts – or at least appear to do so – in a direct and stark fashion. It is easy to imagine that you can overhear Aristotle talking to himself.

Above all, Aristotle is tough. A good way of reading him is this: Take up a treatise, think of it as a set of lecture notes, and imagine that you now have to lecture from them. You must expand and illustrate the argument, and you must make the transitions clear; you will probably decide to relegate certain paragraphs to footnotes, or reserve them for another time and another lecture; and if you have any talent at all as a lecturer, you will find that the jokes add themselves. Let it be admitted that Aristotle can be not only tough but also vexing. Whatever does he mean here? How on earth is this conclusion supposed to follow from those premises? Why this sudden barrage of technical terms? One ancient critic claimed that 'he surrounds the difficulty of his subject with the obscurity of his language, and thus avoids refutation – producing darkness, like a squid, in order to make himself hard to capture'. Every reader will, from time to time, think of Aristotle as a squid. But the moments of vexation are outnumbered by the moments of elation. Aristotle's treatises offer a peculiar challenge to their readers; and once you have taken up the challenge, you would not have the treatises in any other form.

Chapter 2
A Public Figure

Aristotle was no recluse: the life of contemplation which he commends is not to be spent in an armchair or an ivory tower. He was never a politician, but he was a public figure and lived often enough in the public gaze. Yet in the spring of 322 he retired to Chalcis on the island of Euboea, where his mother's family had property; and in the last months of his life he lamented his isolation.

The preceding thirteen years he had spent in Athens, the cultural capital of the Greek world. There he had taught regularly, in the Lyceum. For he believed that knowledge and teaching were inseparable. His own researches were frequently carried out in company, in a research team; and he communicated his results to his friends and pupils, never thinking of them as a private treasure-store – after all, a man cannot claim to know a subject unless he is capable of transmitting his knowledge to others, and teaching is the best proof and the natural manifestation of knowledge.

The Lyceum is sometimes referred to as Aristotle's 'school'; and it is tempting to think of it as a sort of modern university: timetables and lecture courses and a syllabus, the enrolment of students and their examination, and the granting of degrees. But the Lyceum was not a private college: it was a public place – a sanctuary and a gymnasium. An old story tells that Aristotle lectured to his chosen pupils in the

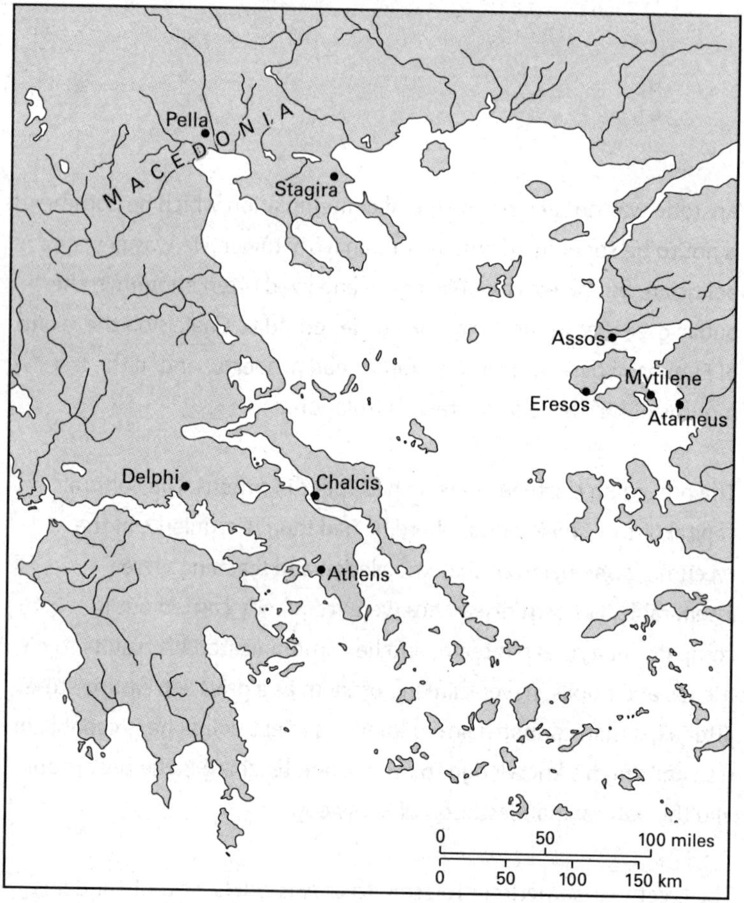

Map 1. Map of Greece indicating Aristotle's places of work.

mornings and to the general public in the evenings. However that may be, arrangements in the Lyceum were surely less formal than those of a university. There were no examinations and no degrees; there were no student fees (and no student grants); there was none of that Byzantine bureaucracy without which no modern professor can teach and no modern student learn.

Aristotle combined teaching and research – his lectures must often have been 'research papers', or talks based on his current research interests. He did not work alone. Various colleagues joined him in his scientific and philosophical enterprises. In truth, we know little enough about all this: for myself, I like to think of a group of friends working in concert, rather than of a Teutonic professor directing the projects of his abler students; but that is fancy.

Why did Aristotle suddenly abandon the pleasures of the Lyceum and retire to Chalcis? He allegedly said that 'he did not want the Athenians to commit a second crime against philosophy'. The first crime had been Socrates' trial and execution. Aristotle feared that he might suffer Socrates' fate, and his fears had a political basis.

During Aristotle's lifetime, Macedonia, under the rule first of Philip II and then of his son, Alexander the Great, expanded its power and came to dominate the Greek world, depriving the small city-states of their independence and of some of their liberties. Aristotle had lifelong connections with Macedonia: before his birth, his father, Nicomachus, had been a physician at the Macedonian court; and at his death his will named Antipater, Alexander's viceroy in Greece, as his executor. The most famous episode in the Macedonian story began in 343: Philip invited Aristotle to Mieza as tutor to the young Alexander, and Aristotle stayed at court for a couple of years or so. A rich romance came to surround that happy coupling of prince and philosopher; and we shall not hope to see through the fog of legend or determine how far Aristotle influenced his ambitious and unlovely charge. No doubt he

2. 'Philip invited Aristotle to Mieza as tutor to the young Alexander, and Aristotle stayed at court for a couple of years or so. A rich romance came to surround that happy coupling of prince and philosopher.' Medieval manuscripts sometimes illustrated the romance.

profited from his royal position; and perhaps he also used his influence for the good of others – we are told (and the story may, for all I know, be true) that the Athenians set up an inscription in his honour, recording that he 'had served the city well . . . by all his services to the people of Athens, especially by intervening with King Philip for the purpose of promoting their interests'.

Alexander died in June of 323. Many Athenians were pleased by the news, and anti-Macedonian feelings were not disguised. Aristotle was not a Macedonian agent. (And it is worth remarking that the political philosophy which he taught in the Lyceum contained no apology for Macedonian imperialism: on the contrary, it was against empire and against emperors.) None the less, Aristotle was associated with Macedonia. He had had a Macedonian past, and he still had Macedonian friends. He found it prudent to leave Athens.

A sidelight is shed by a broken inscription which archaeologists discovered some seventy years ago at Delphi. The fragment records that since 'they drew up a table of those who won victories in both Pythian Games and of those who from the beginning organized the contest, let Aristotle and Callisthenes be praised and crowned; and let the Stewards transcribe the table . . . and set it up in the temple'. The inscription was engraved in about 330 BC. Some years later, Aristotle allegedly wrote to his friend Antipater in the following vein: 'as for what was voted to me at Delphi, of which I am now deprived, this is my attitude: I am neither greatly concerned by the matter, nor wholly unconcerned'. It seems that the honours voted to Aristotle in 330 were later withdrawn. The inscription was smashed, and it was discovered at the bottom of a well – did the jubilant democrats of Delphi hurl it there in 323 BC in a fit of anti-Macedonian pique?

However that may be, the fact that Aristotle was invited to draw up the victory lists at Delphi is evidence that by the 330s he had some reputation as a man of science. For the work demanded historical research. Victors in the Pythian Games, which were second in importance only to the Olympics, had their names and achievements preserved in the Delphic archives. Aristotle and Callisthenes (who was his nephew) must have sifted through a mass of ancient documents; from that material they had to determine a correct chronology, and then produce an authoritative list. The list was part of the history of sport; but it was also more than that. In Aristotle's day historians could not order their narratives by reference to a generally accepted system of chronological conventions (as modern historians use the conventions of BC and AD). Chronology, and hence accurate history, depended on synchronisms: 'The war broke out when X was chief magistrate at Athens, in the third year of the nth Olympiad, when Y won the chariot race at Delphi'. It was not until centuries after Aristotle's death that the problems of historical chronology were settled; but Aristotle had made some small contribution to the subject.

The list of Aristotle's writings to which I have already referred duly contains the title *Pythian Victors*. Alongside it are other titles testifying to similar projects of historical scholarship: *Olympic Victors*, *Didaskaliae* (a *catalogue raisonné* of the plays produced at the Athenian dramatic festivals), *Dikaiomata* (a collection of legal submissions made by various Greek cities which Aristotle prepared in order that Philip might settle boundary disputes). But of all such historical researches, the most remarkable are the *Constitutions of States*. There were 158 of them in all. A few fragments survive, quoted by later authors; and then, just over a century ago, the sands of Egypt delivered up a papyrus roll which contained almost the whole text of the *Constitution of the Athenians*. The work is in two parts: the first contains a brief constitutional history of Athens, the second offers a descriptive survey of Athenian political institutions in the fourth century BC. Aristotle, who was not himself a citizen of Athens, had presumably burrowed in the Athenian archives; he had read up the Athenian historians; and he had familiarized himself with Athenian political practices. His researches produced a compact and well-documented history of one aspect of Athenian life.

Chapter 3
Zoological Researches

Aristotle began teaching in the Lyceum in 335 BC. The thirteen years from 335 to 322 were his second Athenian period. His first period in Athens had lasted for twenty years, from 367 to 347. In 347 he suddenly left the city. No reason for his removal is reliably reported; but in 348 the northern town of Olynthus had fallen to the Macedonian army, and a hostile reaction had brought Demosthenes and his anti-Macedonian allies to power in Athens: it is likely enough that political issues drove Aristotle from Athens in 347 as they would drive him from Athens in 322.

For whatever reason, he sailed east across the Aegean and settled at Atarneus, a town with which he had family ties; and the 'tyrant' or ruler of Atarneus, Hermias by name, was a friend both of philosophy and of Macedonia. Hermias gave Aristotle and his companions 'the city of Assos to live in; and they spent their time there in philosophy, meeting together in a courtyard, and Hermias provided them with all they needed'.

Aristotle stayed in Assos for two or three years. He then migrated – for no known cause – to Mytilene on the nearby island of Lesbos. It is supposed that he there met Theophrastus, a native of Eresus on the same island, who was to become his pupil, his colleague, and his intellectual heir. Later, and again for unknown reasons, Aristotle left

3. Hermias gave Aristotle and his companions 'the city of Assos to live in; and they spent their time there in philosophy, meeting together in a courtyard, and Hermias provided them with all they needed'. The courtyard has vanished; parts of the later city wall still stand.

the Aegean to return to his birthplace of Stagira, where he remained until he answered Philip's royal summons.

Hermias received a bad press in antiquity: he was not only a tyrant – he was also a barbarian, and a eunuch. But he served Aristotle generously. In return, Aristotle married his niece, Pythias, who was the mother of his two children, Pythias and Nicomachus; and when, in 341, Hermias was betrayed, tortured, and put to death in grisly fashion by the Persians, Aristotle composed in his memory a hymn to virtue. Whatever the character of Hermias may have been, science is in his debt. For it was during Aristotle's years of travel, between 347 and 335, and in particular during his stay in the eastern Aegean, that he undertook the major part of the work on which his scientific reputation rests.

For if Aristotle's historical researches are impressive, they are nothing compared to his work in the natural sciences. He made or collected observations in astronomy, meteorology, chemistry, physics, psychology, and half a dozen other sciences; but his scientific fame rests primarily on his work in zoology and biology: his studies on animals laid the foundations of the biological sciences; and they were not superseded until more than two millennia after his death. Some considerable part of the enquiries upon which those studies are based was carried out in Assos and on Lesbos; at all events, the place-names which from time to time punctuate Aristotle's remarks on marine biology point to the eastern Aegean as a main area of research.

The facts which Aristotle so assiduously uncovered were displayed in two large volumes, the *History of Animals* and the *Dissections*. The *Dissections* has not survived. It was concerned, as its name implies, with the internal parts and structure of animals; and there is reason to believe that it contained – or perhaps largely consisted of – diagrams and drawings. The *History of Animals* has survived. Its title (like the titles of several Aristotelian works) is misleading: the word 'history'

4. 'Aristotle . . . then migrated to Mytilene on the nearby island of Lesbos. It is supposed that he there met Theophrastus, a native of Eresus on the same island, who was to become his pupil, colleague, and intellectual heir.'

transliterates the Greek word '*historia*' which means 'enquiry' or 'research', and a better translation of the title would be *Zoological Researches*.

The *History* – the *Researches* – discusses in detail the parts of animals, both external and internal; the different stuffs – blood, bone, hair, and the rest – of which animal bodies are constructed; the various modes of reproduction found among animals; their diet, habitat, and behaviour. Aristotle talks of sheep, goats, deer, pigs, lions, hyenas, elephants, camels, mice, mules. He describes swallows, pigeons, quails, woodpeckers, eagles, crows, blackbirds, cuckoos. His researches cover tortoises and lizards, crocodiles and vipers, porpoises and whales. He goes through the kinds of insect. And he is particularly informed and particularly informative about marine animals – fish, crustacea, cephalopods, testacea. The *Researches* ranges from man to the cheese-mite, from the European bison to the Mediterranean oyster. Every species of animal known to the Greeks is noticed; most species are given detailed descriptions; in some cases Aristotle's accounts are both long and accurate.

Zoology was a new science: where should Aristotle, confronted with such a vast variety of animal life, make a start? This is his answer:

> First, let us consider the parts of men; for just as people test currency by referring it to the standard most familiar to them, so it is in other cases too – and men are of necessity the sort of animal most familiar to us. Now the parts of men are clear enough to perception; nevertheless, in order that we may not break the proper sequence, and in order that we may rely on reason as well as perception, we must describe their parts – first the organic parts, then the uniform parts. Now the chief parts into which the body as a whole divides are these: head, neck, torso, two arms, two legs.

Aristotle begins with men, because men are most familiar, and can be used as a reference point. Much of what he says will, he is aware, be perfectly well known – it may seem childish or pedantic to record that men have necks between their heads and torsos. But Aristotle wants to give a full and orderly account, even at the cost of occasional banality; and in any event, the discussion quickly becomes more professional. The following passage will give some flavour of the *Researches*.

> The octopus uses its tentacles both as feet and as hands: it draws in food with the two that are placed over its mouth; and the last of its tentacles, which is very pointed and the only one of them which is whitish and bifurcated at the tip (it uncoils towards the *rhachis* – the *rhachis* is the smooth surface on the opposite side from the suckers) – this it uses for copulation. In front of the sac and above the tentacles it has a hollow tube by which it discharges the sea-water which gets into the sac whenever it takes anything in with its mouth. It moves this tube to right and to left; and it discharges milt through it. It swims obliquely in the direction of the so-called head, stretching out its feet; and when it swims in this way it can see forwards (since its eyes are on top) and has its mouth at the rear. As long as the animal is alive, its head is hard and as it were inflated. It grasps and retains things with the underside of its tentacles, and the membrane between its feet is fully extended. If it gets on to the sand, it can no longer retain its hold.

Aristotle goes on to discuss the size of the tentacles. He compares the octopus to the other cephalopods – cuttlefish, crayfish, and the like. He gives a detailed description of the internal organs of the creature, which he had evidently dissected and examined with some attention. In the passage I have quoted he refers to the phenomenon known as 'hectocotylization' – the bifurcation in one of the tentacles of the male octopus, by means of which it copulates with the female. The phenomenon is not readily observed, and Aristotle himself was not entirely certain of it (at any rate, elsewhere he expresses doubt as to whether the octopus really uses a tentacle for copulation); but his remarks are entirely correct, and the facts which he reports were not rediscovered until the middle of the nineteenth century.

It is easy to become starry-eyed over the *Researches*, which are on any account a work of genius and a monument of indefatigable industry. Unsurprisingly, killjoy scholars have felt obliged to point out the several deficiencies of the work.

First of all, Aristotle is accused of frequent and crude error. A notorious example again concerns copulation. Aristotle asserts more than once that during copulation the female fly inserts a tube or filament upwards into the male – and he says that 'this is plain to anyone who tries to separate copulating flies'. It is not plain: on the contrary, Aristotle's assertion is false. Another example concerns the European bison. After a vague description of the shaggy beast, Aristotle observes that it is regularly hunted for its meat, and that 'it defends itself by kicking, and by excreting and discharging its excrement over a distance of eight yards – it can do this easily and often, and the excrement burns so much that it scalds the hair of the hounds'. A splendid picture, and apparently told without tongue in cheek: Aristotle was taken in by a tipsy huntsman's after-dinner yarn.

Secondly, Aristotle is charged with failing to use 'the experimental method'. The observations which fill his works – observations made by others or made by himself – are, most of them, amateur. They were made in the field and not in the laboratory. Aristotle never attempted to establish appropriate experimental conditions or to make controlled observations. There is no evidence that he tried to repeat observations, to check them, or to verify them. His whole procedure was, by any scientific standards, slapdash.

Thirdly, Aristotle is criticized for having no notion of the importance of measurement. Real science is quantitative: Aristotle's descriptions are qualitative. He was no mathematician. He had no notion of applying mathematics to zoology. He did not weigh or measure his specimens. He records a layman's impression of how things look rather than a professional's calculation of how they are.

There is some truth in all these charges – Aristotle was not infallible, and he was a pioneer. But the charges are misplaced. The first is unexciting. There are numerous mistakes in the *Researches*, some to be explained by the fact that Aristotle possessed few technical instruments and some to be set down as plain errors of observation or judgement. (His most influential error gave rise to the theory of 'spontaneous generation'. Some insects, Aristotle asserts, 'are generated not from parent creatures but spontaneously: some from the dew that falls on leaves . . . some in mud and dung when they putrefy, some in wood (either on plants or in dead wood), some in the hair of animals, some in animals' flesh, some in their excrement'. Aristotle had observed lice on the head and worms in dung; but, for want of care or for want of instruments, he had not observed the phenomena with sufficient accuracy.) But the errors are greatly outnumbered by the insights – and what scientific work has ever been free of error?

The *Researches* contains one passage which is often said to report an experiment. Aristotle is describing the early development of chicks in the egg. He records in considerable detail the stage of growth reached by the embryo on successive days: he removed one egg a day from the clutch under the brooding hen, he cracked it open, and he chronicled the daily changes. (If we are to believe the implications of the text, he did this not only for the domestic hen – the case he describes in detail – but also for other birds.)

The description of the chicken embryo is one of the more remarkable passages in the *Researches*; but it is not the report of an experiment. (For example, Aristotle, so far as we know, did not control the conditions in which the eggs were incubated.) Nor is it typical of the

Researches as a whole, where such dated and consecutive observations are rare. But this is hardly odd. The 'experimental method' is of no particular importance to the sort of research that Aristotle was engaged upon. He was inaugurating a new science. There was a superabundance of information waiting to be collected, sifted, recorded, and systematized. Experimental evidence was not required. Nor, in any case, is experiment appropriate in descriptive zoology. You do not need the 'experimental method' to determine that men have two legs or to describe the hectocotylization of the octopus. Aristotle himself was aware that different sciences call for different methods. Those who accuse him of failing to experiment are victims of the vulgar error that all the sciences must be approached by the experimental path.

It is sometimes said in reply to the third charge that Aristotle's zoology is non-quantitative because he did not possess the technical devices upon which quantitative science relies: he had no thermometer, no finely calibrated scales, no accurate chronometer. That is all true; but the point should not be exaggerated. Greek shopkeepers weighed and measured dead meat, and there was no technical reason why Aristotle should not have weighed and measured it live. Nor is it relevant to observe that Aristotle was no mathematician. Although he did not himself contribute to mathematical progress, he was well acquainted with the work of his contemporaries (mathematical examples and references are common enough in his writings); and in any case it requires little mathematical expertise to introduce measurement into science.

The *Researches* does, in fact, contain plenty of indeterminately quantitative statements (this animal is larger than that, this creature emits more semen than the other). There are also a few determinately quantitative observations. Of the two main types of squid, Aristotle remarks that 'the so-called *teuthoi* are much larger than the *teuthides*, growing to a length of up to seven and a half feet; some cuttlefish have been found three feet long, and the tentacles of the octopus sometimes reach that size or even longer'. Aristotle seems to have measured the cephalopods. He could well have weighed them and given their other vital statistics, but he chose not to do so. And that was not an error but a wise choice. As Aristotle clearly saw, it is form and function rather than weight and size which matter in his kind of zoology. The length of an octopus' tentacles, which varies from specimen to specimen, is of little scientific interest; it is with the structure of the tentacles, and, with their functional role in the animal's life, that the scientist is concerned.

The *Researches* is not flawless, but it is a masterpiece. Nowhere else does Aristotle show more vividly his 'desire to know'.

Chapter 4
Collecting Facts

Aristotle was a research scientist, and much of his time was devoted to original and first-hand study: he recorded his own observations, and he carried out dissections himself. But he could not have based all his multifarious descriptions on personal research, and like any other seeker after knowledge he borrowed other men's observations and culled other men's flowers. What, then, were Aristotle's research methods? How did he approach his work?

A pleasant story has it that Alexander the Great, 'inflamed by a desire to know the natures of animals', arranged for 'several thousand men throughout the whole of Greece and Asia Minor to be at Aristotle's disposal – everyone who lived by hunting or falconry or fishing, or who looked after parks, herds, apiaries, fishponds, or aviaries – so that no living creature should escape his notice'. It is unlikely that Alexander ever did anything of the sort; but behind the story lies the fact that in the *Researches* Aristotle makes frequent reference to the reports of beekeepers and fishermen, of hunters and herdsmen, of all those engaged in agriculture and animal husbandry. Beekeepers are experienced in the ways of bees, and Aristotle relied on their expertise. Fishermen see things which landlubbers never observe, and Aristotle sought information from them. He was properly cautious in using their information. Some people, he says, deny that fish copulate; but they are wrong. 'Their error is made easier by the fact that such fish copulate quickly, so that even many fishermen fail to observe it – for none of them observes this sort of thing for the sake of knowledge.' Nevertheless, much of Aristotle's work is based partly on the testimony of such professionals.

In addition, Aristotle had written sources at his disposal. The Greek doctors had made some study of human anatomy, and Aristotle uses their writings in his treatment of the parts of men – his detailed account of the vascular system includes long quotations from three of his predecessors. In general, Aristotle's researches included a comprehensive programme of reading: 'he worked so hard . . . that his house was called the House of the Reader'. And he had a large library: 'he is the first man we know to have collected books, and his example taught the Kings of Egypt how to put together a library'.

For Aristotle's zoological researches book learning was of limited importance, for there were few books from which he could learn. But in other disciplines there was much to peruse. Aristotle recommends that 'one should make excerpts from written accounts, making lists separately for each subject, e.g. for the good, or for animals', and the catalogue of his books shows that he himself prepared various compilations of that sort. Many of his own discussions begin with a brief history of the question at issue, setting out in summary form the opinions which his predecessors had advanced. When discussing the nature and variety of causes in the *Metaphysics* he observes that

> we have given sufficient consideration to this subject in the *Physics*; nevertheless, let us also set down the views of those who have preceded us in the enquiry into existing things and in the philosophical investigation of reality; for it is plain that they too say that there are certain principles and causes. And this, as we proceed, will be useful to our present enquiry; for either we shall find some further kind of cause or else we shall be more firmly convinced about those we have just mentioned.

Aristotle wrote several essays in intellectual history. His early work *On Philosophy* contained a full account of the origins and development of the subject; and there were monographs on Pythagoras, on Democritus, on Alcmaeon, and others. Only fragments of these works have survived; but the summary histories in the treatises no doubt drew upon them. Judged purely as intellectual history these summaries are not beyond criticism (and modern scholars have sometimes flayed them); but such criticism is beside the point: the purpose of the summaries was not to chronicle the history of an idea; it was to provide a starting-point for Aristotle's own investigations and to serve as a check upon his own speculations.

There were not always past enquiries to consult. At the end of one of his logical treatises, Aristotle writes that

> in the case of rhetoric there was much old material to hand, but in the case of logic we had absolutely nothing at all until we had spent a long time in laborious investigation. If, when you consider the matter and remember the state from which we began, you think that the subject is now sufficiently advanced compared to those other disciplines which have developed in the course of tradition, then it remains for all of you who have heard our lectures to forgive our omissions and to thank us warmly for our discoveries.

The note of self-satisfaction is not typical of Aristotle, even if he fully deserves his pat on the back. But I cite the passage to show, by implicit contrast, that Aristotle's customary procedure was to build upon the work of his predecessors. He could not do that in logic; and he could do it only to a limited extent in biology. In other subjects, 'which have developed in the course of tradition', he gratefully accepted everything which the tradition offered him.

Reliance on tradition, or the use of past discoveries, is a prudent procedure – an indispensable procedure – for any scientific enquirer.

5. Teacher and pupils: a relief from the second century AD. Aristotle 'believed that knowledge and teaching were inseparable'.

But in Aristotle the matter goes a little deeper. He was highly conscious of his own position at the end of a long line of thinkers; he had a strong sense of intellectual history and of his own place therein. And his advice to attend to reputable opinions is more than a prudent suggestion: after all, men desire by nature to discover the truth; nature would not have given men such a desire and left its satisfaction impossible; and consequently, if men generally believe something, then that is a sign that it is more likely to be true than false.

This Aristotelian conviction bears directly upon two characteristic features of his thought. First, he insists on the value of what he calls 'reputable opinions'. Something believed by all or most men – at any rate by all or most clever men – is thereby 'reputable'; and it must, so Aristotle thinks, have something to be said in its favour. In the *Topics*, a work primarily concerned with reasoning from and about 'reputable opinions', he advises us to collect such opinions and to use them as starting-points for our enquiries. In the *Nicomachean Ethics* he implies that, in practical philosophy at least, reputable opinions are the end-points as well as the starting-points: 'for if the difficulties are solved and the reputable opinions remain, sufficient proof of the matter will have been given'. In our ethical investigations we shall make a collection of the pertinent 'reputable opinions'; we shall winnow them to blow out the chaff of falsity; and what is left on the floor, the grains of truth, constitutes the result and sum of our enquiry.

Secondly, Aristotle had a clear idea of the importance of tradition in the growth of knowledge.

> In all cases of discovery, when work is taken over from others who have earlier laboured on the matter, gradual progress is later made by the hands of those who have taken it over, whereas what is discovered at the very beginning customarily makes but little advance at first. And yet this is far more useful than the later increase which depends upon it. For the beginning is doubtless the most important thing of all, as they

say. And that is why it is hardest; for the greater it is in power, the smaller it is in magnitude and the harder to see. But once it is discovered, it is relatively easy to add to and increase the rest.

Or again:

> Investigation of reality is in a way difficult, in a way easy. An indication of this is that no one can attain it in a wholly satisfactory way, and that no one misses it completely: each of us says *something* about nature, and although as individuals we advance the subject little if at all, from all of us taken together something of size results – and, as the proverb has it, who can miss a barn-door? . . . And it is fair to thank not only those whose beliefs we share, but also those whose views were more superficial; for they too contributed something – for they prepared things for us. If Timotheus had not existed, we should lack a great deal of lyric poetry; but if Phrynis had not existed, Timotheus would not have done so. It is the same with those who have expressed views on reality. For from some we have taken over certain opinions, and others were the causes of the existence of those men.

The acquisition of knowledge is arduous, and science grows slowly. The first step is the hardest, for then we have nothing to guide our journey. Later, the labour is lighter; but even so, as individuals we can contribute little to the growing pile of knowledge: it is collectively that the ants amass their anthill.

Chapter 5
The Philosophical Background

Aristotle was an indefatigable collector of facts – facts zoological, astronomical, meteorological, historical, sociological. Some of his political researches were carried out during the final period of his life when, from 335 to 322, he taught at the Lyceum in Athens; much of his biological research was done during the years of travel, between 347 and 335. There is reason to believe that his collecting activities were just as brisk during the first period of his adult life, the years between 367 and 347: that period is yet to be described.

So far, we have seen Aristotle as a public figure and as a private researcher; but that is at most half the man. Aristotle, after all, is reputed to have been a philosopher, and there is nothing very philosophical about the jackdaw operations I have so far described. Indeed, one of Aristotle's ancient enemies accused him of being a mere jackdaw:

> why did he turn away from exhorting the young and incur the terrible wrath and enmity both of the followers of Isocrates and of some other sophists? He must surely have implanted a great admiration for his powers, from the moment when he abandoned his proper business and was found, together with his pupil, collecting laws and innumerable constitutions and legal pleas about territory and appeals based on circumstances and everything of that sort, choosing . . . to know and

teach philosophy and rhetoric and politics and agriculture and cosmetics and mining – and the trades performed by those who are ashamed of what they are doing and say they practise them from necessity.

The accusation is puffed up with rhetoric and contains some absurd falsifications: Aristotle never devoted much study to cosmetics. But it is worth pondering. Aristotle's studies in 'politics and agriculture' are impressive, the *Constitutions* and the *Researches* are magnificent works; but how are they connected with *philosophy*?

Aristotle was born in 384, in the northern Greek town of Stagira. His father died when Aristotle was still young, and he was brought up by his uncle Proxenus, who had connections with Atarneus. Nothing is recorded about Aristotle's early education; but since he came from a rich and learned family, he no doubt received the sort of literary and gymnastic training which was normal for a well-born Greek. In 367, at the age of seventeen, he left Stagira for Athens, where he joined the brilliant group of men who worked and studied in the Academy under the leadership of Plato. In one of his lost works Aristotle told how a Corinthian farmer had happened to read Plato's *Gorgias* and 'at once gave up his farm and his vines, mortgaged his soul to Plato, and sowed and planted it with Plato's philosophy'. Is that fictionalized autobiography? Perhaps the young Aristotle read Plato's dialogues in Stagira and was seduced by Dame Philosophy. However that may be, the move to Athens and the Academy was the crucial event in Aristotle's career.

The Academy, like the Lyceum, was a public place, and Plato's school was no more a modern university than was Aristotle's. Yet there were some differences between the two establishments. Plato owned a private estate near the Academy. His lectures and discussions were not, as a rule, public. Indeed, Plato's school appears to have been a fairly exclusive club. In 367 Aristotle took out membership.

6. A mosaic from Pompeii, made in about 100 BC, showing Plato's Academy. 'The Academy was primarily a school of philosophy . . . Plato encouraged other men's researches in other subjects, and he gathered about him the most talented minds in Greece.'

Plato himself was no polymath. He did not pretend to the range which his most famous pupil was to attain. Rather, his own researches were more or less limited to the areas which we today think of as peculiarly philosophical – metaphysics, the theory of knowledge, logic, ethics, political theory. The Academy was primarily a school of philosophy. Not that Plato was blinkered. He encouraged other men's researches in other subjects, and he gathered about him the most talented minds in Greece. Mathematics was certainly studied in the Academy. Plato, himself no mathematician, was keenly interested in the methods of mathematics; he set his pupils mathematical problems and he urged them to study the mathematical sciences. It is probable that natural science too was studied. Plato's *Timaeus* contains speculation of a scientific nature, and a comic dramatist guyed the young Academicians thus: 'In the gymnasium of the Academy I heard some absurd and extraordinary arguments. They were discussing nature, and distinguishing sorts of animal, and kinds of tree, and species of vegetable – and then they tried to discover to what species the pumpkin belongs.' Plato was interested in problems of classification; and those problems had some bearing upon Aristotle's later attempts at biological taxonomy.

Again, the Academy found a place for rhetoric. It was in that subject that Aristotle first made a name for himself. In about 360 he wrote a dialogue, the *Gryllus*, on the subject of rhetoric, in which he attacked the views of Isocrates, a leading rhetorician, a public educator and a professional pundit. The attack provoked a riposte, and the quarrel ranged far beyond the domain of rhetorical theory. One of Isocrates' pupils, Cephisodorus, replied to the *Gryllus* with a long counterblast, the first of many polemics to be directed against Aristotle. (Cephisodorus accused Aristotle of wasting his time in collecting proverbs – evidence that by 360 Aristotle had already begun his compilatory activities.) Some years later, in his *Protrepticus*, Aristotle returned to the fray, defending the ideals of the Academy against the more pragmatic notions of Isocrates' school. Isocrates himself replied in his *Antidosis*.

The squabble with the Isocrateans did not imply a rejection of rhetoric itself, which continued to interest Aristotle. (And let it be noted that Aristotle was honest and generous enough to praise Isocrates' literary style.) The first drafts of his treatise on *Rhetoric*, which, unlike the *Gryllus* and the *Protrepticus*, still survives intact, may well go back to those early years in the Academy; and the final touches were not put to the work until the latest period of his life. Rhetoric and the study of literature are closely connected: Aristotle wrote a historico-critical book *On the Poets* and a collection of *Homeric Problems*. Those studies too may have been undertaken in the Academy. They showed Aristotle to be a serious student of philology and of literary criticism, and they doubtless formed part of the preparatory work for the third book of the *Rhetoric*, which is a treatise on language and style, and for the *Poetics*, in which Aristotle elaborated his account of the nature of tragic drama.

Rhetoric is also connected with logic – indeed, one of Aristotle's main claims in the *Gryllus* was that an orator should not excite the passions by fine language but rather persuade the reason by fine argument. Plato himself was greatly interested in logic, or 'dialectic' as it was called; and the Academicians indulged in a sort of intellectual gymnastics in which set theses were to be defended and attacked by means of a variety of stylized arguments. Aristotle's *Topics* was first outlined in his Academic years. The work lists and comments upon various general forms of argument which the young gymnasts were encouraged to use. (The Greek word '*topos*', in one of its uses, means something like 'form of argument' – hence the curious title, *Topics*.) The *Sophistical Refutations*, an appendix to the *Topics*, catalogues a variety of fallacies, some silly and others profound, which the gymnasts had to recognize and to resolve.

Aristotle remained in Athens as a member of Plato's Academy for twenty years. In 347, the year in which Plato died, he left Athens for Atarneus: he was thirty-seven, a philosopher and a scientist in his own right. What, in those two formative decades, did he learn? What aspects of Academic philosophy influenced him and gave shape to his own later views?

He loved Plato, and on his death wrote an elegy in which he praised him as a man 'whom it is not right for evil men even to praise; who alone or first of mortals proved clearly, by his own life and by the course of his arguments, that a man becomes good and happy at the same time'. But you may love a man while rejecting his beliefs. Aristotle was no Platonist. Many of the doctrines central to Platonism are strongly criticized in Aristotle's treatises, and he criticized Plato during his lifetime. 'Plato used to call Aristotle the Foal. What did he mean by the name? Clearly it was known that foals kick their mothers when they have had enough milk.' Ancient critics accused the Foal of ingratitude, but the charge is absurd – no teacher requires his pupils to subscribe to his own doctrines from a sense of gratitude. Moreover, whether or not Aristotle ever accepted any of Plato's central theories, he was certainly profoundly influenced by them. I shall pick out five points which together determined much of Aristotle's philosophical thought, and turned him into a philosophical scientist rather than a mere collector of agricultural information.

First of all, Plato had reflected on the unity of the sciences. He saw human knowledge as a potentially unified system: science, for him, was not the random amassing of facts; it was the organization of facts into a coherent account of the world. Aristotle, too, was a systematic thinker, and he shared wholeheartedly in Plato's vision of a unified theory of science, even if he disagreed with Plato about the way in which that unity was to be achieved and exhibited.

Secondly, Plato was a dialectician. Aristotle claims to have been a pioneer in the science of logic, and it is indisputable that Aristotle

7. Head of Plato, 'whom it is not right for evil men even to praise; who alone or first of mortals proved clearly, by his own life and by the course of his arguments, that a man becomes good and happy at the same time.'

turned logic into a science and invented the discipline of formal logic – Aristotle, not Plato, was the first logician. But Plato, both in his dialogues – most notably in the *Parmenides* and the *Sophist* – and in the dialectical exercises he encouraged in the Academy, had prepared the ground for Aristotle. He had initiated enquiry into some of the foundations of logic (for example, into the structure of propositions); and he had expected his pupils to train themselves in the practice of argumentation.

Again, Plato was concerned with problems of ontology. ('Ontology' is a grandiose name for a part of metaphysics: an ontologist attempts to determine what sort of things really exist, what are the fundamental entities of which the world consists.) Plato's ontology was contained in his theory of Ideas or Forms. According to that theory, the ultimate realities – the things on which the reality of everything else is somehow dependent – are abstract universals. It is not individual men and individual horses – Tom, Dick, and Harry; Surrey, Barbary, and Bucephalus – but the abstract forms of Man or manhood and of Horse or horseness which constitute the basic furniture of the real world. The theory is not easy to understand, let alone to accept. Aristotle did not accept it (and, some have thought, did not understand it); but it gnawed at him throughout his philosophical career, and it directed his own numerous (and often baffling) efforts to develop an alternative ontology.

Fourthly, Plato thought of scientific knowledge as a search for the causes or explanations of things. In his view, the notions of science and knowledge were intimately tied to that of explanation, and he discussed the types of explanation that might be given and the conditions under which phenomena could and should be explained. Aristotle inherited that concern. He too ties knowledge to explanation. His scientific endeavours were directed not merely to observing and recording, but above all to explaining.

Finally, the notion of knowledge itself raises certain philosophical questions: What is it to know something? How can we acquire knowledge, or by what channels do we come to understand the world? Why suppose, indeed, that we know anything at all? The part of philosophy which deals with such questions is customarily called epistemology ('*epistêmê*' is the Greek for 'knowledge'). Epistemology matters to any philosopher who is concerned with science and the sciences; and epistemological theories will be determined, in part at least, by issues in ontology. Many passages in Plato's dialogues are given to epistemological discussion. Here, too, Aristotle followed in his master's footsteps.

Knowledge must be systematic and unified. Its structure is given by logic, and its unity rests at bottom on ontology. It is essentially explanatory. It poses deep philosophical problems. All that, and much more, Aristotle learned in the Academy. However profoundly he disagreed with Plato's detailed elaboration of those five issues, he was at one with Plato in principle. In the next few chapters I shall sketch Aristotle's views on these subjects. By the end of the sketch it will be possible to see why Aristotle is much more than a collector of facts – why he is a philosopher-scientist.

Chapter 6
The Structure of the Sciences

The most developed of Greek sciences was geometry – indeed, for centuries, Euclid's name was synonymous with the science of geometry. Although Euclid's work was done after Aristotle's death, Euclid built on the researches of his predecessors, and those predecessors had given some thought to what was to become the distinctive feature of Euclid's own geometrical science. In a word, Euclid's geometry is an axiomatized deductive system: he selects a few simple principles, or axioms, which he posits as the primary truths of his subject; and from those axioms he derives, by a series of logically compelling deductions, all the other truths of geometry. Geometry thus consists of derived truths, or theorems, and primary truths, or axioms. Each theorem follows logically – though often by way of a long and complex chain of reasoning – from one or more of the axioms.

The notion of an axiomatic deductive system is elegant and intellectually attractive. Plato was attracted to it, and he suggested that the whole of human knowledge might somehow be set out in a single axiomatized system: from a small set of primary truths, every other scientific truth might be logically deduced. Knowledge is thus systematic and unitary – it is systematic because it can be presented axiomatically, unitary because all truths can be derived from a single set of axioms.

Aristotle was no less impressed than Plato by the power of axiomatization, but he did not believe Plato's optimistic claim that all knowledge could be founded upon a single set of axioms. For he was equally impressed by the apparent independence of the sciences. Mathematicians and doctors, biologists and physicists, work in different domains, discuss different objects, and follow different methods. Their disciplines rarely overlap. Nevertheless, Aristotle felt the need for system: if human knowledge is not unitary, neither is it a mere disconnected plurality. 'The causes and principles of different things are different – in one way; but in another way, if you speak universally and by analogy, they are all the same.' The axioms of geometry and the principles of biology are mutually independent, but they are the same 'by analogy': that is to say, the conceptual apparatus and the formal structure of all the sciences are the same.

Aristotle divided knowledge into three major classes: 'all thought is either practical or productive or theoretical'. The productive sciences are those concerned with the making of things – cosmetics and farming, art and engineering. Aristotle himself had relatively little to say about productive knowledge. The *Rhetoric* and the *Poetics* are his only surviving exercises in that area. (*Poetics* in Greek is '*poiêtikê*', and that is the word translated as 'productive' in the phrase 'the productive sciences'.) The practical sciences are concerned with action, or more precisely with how we ought to act in various circumstances, in private and in public affairs. The *Ethics* and the *Politics* are Aristotle's chief contributions to the practical sciences.

Knowledge is theoretical when its goal is neither production nor action but simply truth. Theoretical knowledge includes all that we now think of as science, and in Aristotle's view it contained by far the greatest part of the sum of human knowledge. It subdivides into three species: 'there are three theoretical philosophies – mathematics, natural science, and theology'. Aristotle was intimately acquainted with contemporary mathematics, as any student of Plato's would be, and

Books XIII and XIV of the *Metaphysics* are acute essays on the nature of numbers; but he was not a professional mathematician and did not pretend to have advanced the subject.

Natural science includes botany, zoology, psychology, meteorology, chemistry, physics. (The term I translate as 'natural science' is '*phusikê*', often misleadingly transliterated as 'physics'. Aristotle's *Physics* is a treatise about natural science as such.) Aristotle thinks that the objects of natural science are marked off by two characteristics: they are capable of change or motion (unlike the objects of mathematics) and they exist 'separately' or in their own right. (The second point will be examined in a later chapter.) The greater part of Aristotle's life was devoted to the study of such objects.

Nevertheless, natural science is not the best of sciences. 'If there are no substances apart from natural substances, natural science will be the primary science; but if there are changeless substances, the science of them will be prior and will be the primary philosophy'. Aristotle agreed with Plato that there are such changeless substances, and he called such substances divine. Their study may thus be called theology, or the science of things divine. Theology is superior to natural science: 'the theoretical sciences are preferable to the rest, and this to the other theoretical sciences'. But the term 'theology' should be construed carefully: I shall say a little about Aristotle's divinities in a later chapter; here it is enough to observe that he usually identifies them with parts of the heavens, so that 'theology' might well seem to be a branch of astronomy.

Two things for which Aristotle cared greatly appear to have escaped the net: metaphysics and logic. Where are they to be placed in the system of the sciences? Both seem to be theoretical, and both are treated by Aristotle as in some way identical with theology.

According to Aristotle, 'there is a science which studies beings *qua* being and the things that belong to them in their own right'. (This science is often identified as metaphysics, or at least as a chief part of metaphysics, and Aristotle studies it in his *Metaphysics*. But Aristotle never uses the term 'metaphysics', and the title '*Metaphysics*' means literally 'What comes after natural science'.) The phrase 'beings *qua* being' has a pleasantly esoteric ring to it, and many scholars have supposed it to denote some abstruse and abstract item. (The supposition is aided by a common mistranslation of the Aristotelian formula which renders it in the singular, as 'being *qua* being'.) In fact Aristotle means something neither abstract nor abstruse. 'Beings *qua* being' are not a special class or kind of being; indeed, there are no such things as beings-*qua*-being at all. When Aristotle says that there is a science which studies beings *qua* being, he means that there is a science which studies beings, and studies them *qua* being; that is to say, there is a science which studies the things that exist (and not some abstract item called 'being'), and studies them *qua* existing.

The little word '*qua*' plays an important role in Aristotle's philosophy. There is nothing mysterious about it. Pooh-Bah, in *The Mikado*, is, among other things, Chancellor of the Exchequer and Private Secretary to Ko-Ko. He has different attitudes in his different capacities. As Chancellor, he urges a frugal wedding ceremony for Ko-Ko and his bride; as Secretary, he recommends a splurge. He does one thing *qua* Chancellor or under his Chancellor's hat, another *qua* Secretary or under his Secretarial hat. In the former case the cares of State are relevant to his advice, in the latter his recommendation is determined by different considerations. Similarly, to study something *qua* existent is to study just those features of the thing which are relevant to its *existing* – and not any of the many other features of the thing; it is to study it under its existential hat. Everyone who does not study fictions studies 'beings', things that exist; the student of beings *qua* being studies just those aspects of existent things which belong to them in virtue of the fact that they exist.

The study of beings *qua* being is thus supremely general: everything that exists falls within its purview (contrast entomology or phonology, which are restricted to insects and to linguistic sounds), and the properties it investigates are those which absolutely everything must have. (Thus Book X of the *Metaphysics* discusses what it is to be *one* thing. *Everything* is *one* thing; by contrast, only some things are monopterous or consonantal.) Aristotle engages in this highly general study in various books of the *Metaphysics*. Several of his logical writings, both extant and lost, were also devoted to it.

Now this general study of beings *qua* being is, in Aristotle's view, the primary philosophy, and hence it is identified with theology. This is odd: how, we may wonder, can a science which studies absolutely everything be the same as a science which studies only a special and highly privileged class of things? Aristotle anticipated the question. He suggests that theology 'is universal because it is primary'; and he appears to mean that if you study the primary substances on which all other entities are dependent, then you will implicitly be studying *all* existents *qua* existent. Not everyone has found that suggestion compelling, and Aristotle's primary philosophy is sometimes thought to consist of two quite distinct parts, a general metaphysics which studies beings *qua* being, and a special metaphysics which studies the principles and causes of things.

As to logic, later philosophers disputed its status and its position among the sciences. Some held that logic was a 'part' of philosophy – a discipline to be set alongside mathematics and natural science. Others, including Aristotle's own followers, urged that logic was a 'tool' of philosophy – something which was used by philosophers and scientists but did not qualify as an object of their studies in its own right. (The Greek for 'tool' is '*organon*': that is why later Aristotelians gave the collective title *Organon* to Aristotle's logical writings.) Other philosophers claimed, more plausibly, that logic is both a part and a tool of philosophy.

8. 'Aristotle himself did not discuss the position of logic in his scheme of things.' In the Renaissance it was sometimes imagined as the tap-root of the tree of knowledge in Aristotle's philosophical garden.

Aristotle himself did not discuss the position of logic in his scheme of things. He argues that the student of beings *qua* being will study 'the things which the mathematicians call axioms' or 'the first principles of deduction'; 'for they belong to everything that exists, and not to some particular kind of thing separately from the others'. And he holds that the logician 'assumes the same form as the philosopher' or discusses the same range of things as the student of primary philosophy. After all, logic, being an entirely general science, should presumably be subsumed under metaphysics or the science of beings *qua* being. But there are passages in which Aristotle seems to imply that logic is not to be so categorized; and indeed, having said that the logician 'assumes the same form as the philosopher', he immediately adds that he nevertheless follows a distinct profession.

The structure of human knowledge, as Aristotle regarded it, can be exhibited in a diagram, thus:

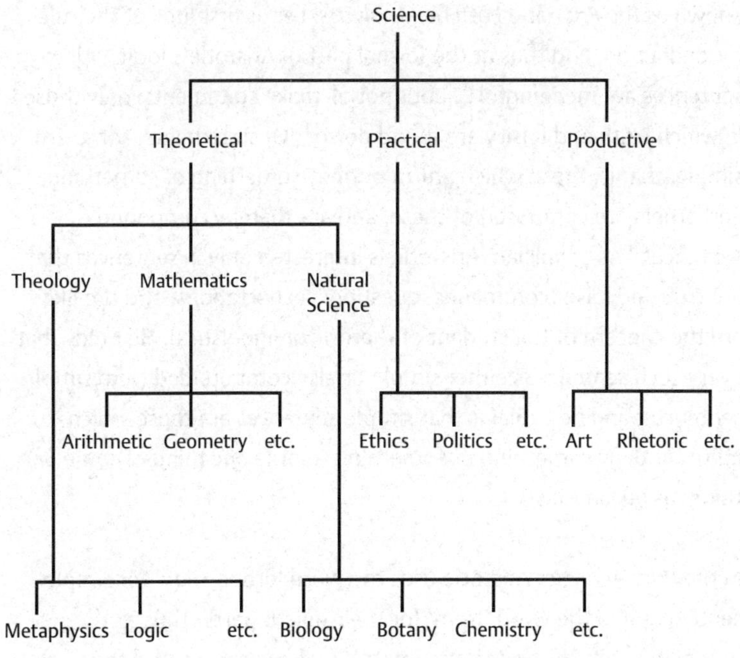

Chapter 7
Logic

The sciences – at any rate the theoretical sciences – are to be axiomatized. What, then, are their axioms to be? What conditions must a proposition satisfy to count as an axiom? Again, what form will the derivations within each science take? By what rules will theorems be deduced from axioms? Those are among the questions which Aristotle poses in his logical writings, and in particular in the works known as the *Prior* and *Posterior Analytics*. Let us first look at the rules for deduction, and thus at the formal part of Aristotle's logic. 'All sentences are meaningful . . . but not all make statements: only those in which truth and falsity are found do so.' 'Of statements, some are simple, that is, those which affirm or deny something of something, and others are composed of these, and are thereby compound sentences.' As a logician, Aristotle is interested only in sentences that are true and false (commands, questions, exhortations, and the like are the concern of the student of rhetoric or linguistics). He holds that every such sentence is either simple or else compounded from simple sentences; and he explains that simple sentences are those which affirm or deny something of something – some *one* thing of some *one* thing, as he later insists.

In the *Prior Analytics* Aristotle uses the word 'proposition' for simple sentences and the word 'term' for their salient parts. Thus a proposition affirms or denies something of something, and the two things are its terms. The thing affirmed or denied is called the predicate of the proposition, and the thing of which the predicate is affirmed or denied is called the subject of the proposition. The propositions with which Aristotle's logic will concern itself are all either universal or particular; that is to say, they affirm or deny a predicate either of every item of some kind or of some item or items. Thus in the proposition 'Every viviparous animal is vertebrate', the word 'vertebrate' picks out the predicate and the phrase 'viviparous animal' picks out the subject; the proposition affirms the former of the latter – and of all the latter. Similarly, in the proposition 'Some oviparous animals are not sanguineous', 'sanguineous' picks out the predicate and 'oviparous animal' the subject, the proposition denying the former of some of the latter. It is easy to see that Aristotle's logic will concern itself with exactly four types of proposition: universal affirmatives, which affirm something of all of something; universal negatives, which deny something of all of something; particular affirmatives, which affirm something of some of something; and particular negatives, which deny something of some of something.

In addition, propositions come in a variety of moods: 'every proposition expresses either that something holds or that it necessarily holds or that it possibly holds'. Thus 'Some calamaries grow to a length of three feet' affirms that *being a yard long* actually holds true of some calamaries. 'Every man is necessarily constituted of flesh, bones, etc.' says that *being corporeal* holds necessarily of every man – that a thing could not be a man without being made of flesh, bones, etc. 'It is possible that no horses are asleep' states that *being asleep* possibly belongs to no horses – that every horse may be awake. These three moods or 'modalities' are called (though not by Aristotle) 'assertoric', 'apodeictic', and 'problematic'.

That, in brief, is Aristotle's account of the nature of propositions, as it is found in the *Analytics*. All propositions are simple or compounded of simples. Every simple proposition contains two terms, predicate and

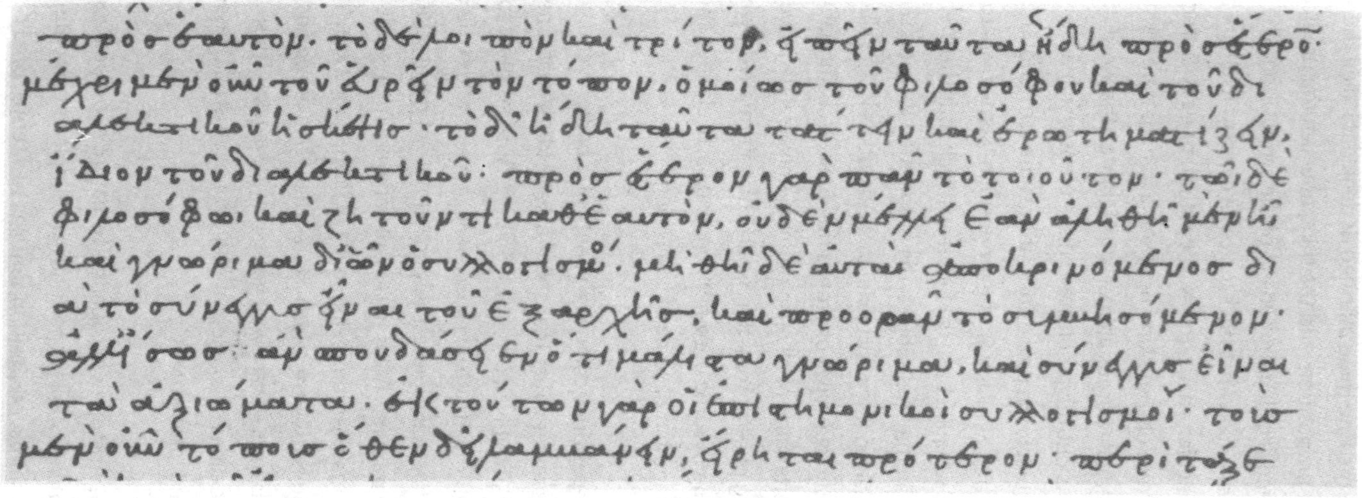

9. ‘A philosopher will surely be keen to secure axioms which are known and pertinent to the subject; for it is on these that scientific syllogisms are based’ (*Topics*, 155b 14–16). The manuscript shown here was written by the monk Ephraim in November 954.

subject. Every simple proposition is either affirmative or negative. Every simple proposition is either universal or particular. Every simple proposition is either assertoric or apodeictic or problematic.

The doctrine of the *Analytics* is not quite the same as that of the short essay *On Interpretation*, a work in which Aristotle reflects at greater length on the nature and structure of simple propositions. And as a doctrine it is open to various objections. Are *all* propositions either simple or compounded from simples? For example, the sentence 'It is now recognized that the octopus' last tentacle is bifurcated' is surely compound – it contains as a part of itself the proposition 'the octopus' last tentacle is bifurcated'. But it is not compounded *from* simple propositions. It consists of a simple proposition prefixed by 'It is now recognized that', and 'It is now recognized that' is not a proposition. Again, do all simple propositions contain just two terms? 'It is raining' seems simple enough. But does it contain *two* terms? Again, what of the sentence 'Socrates is a man'? That surely contains a predicate and a subject. But it is neither universal nor particular – it does not say anything of 'all' or of 'some' Socrates; after all, the name 'Socrates' is not a general term, so that (as Aristotle himself observed) the phrases 'all' and 'some' do not apply to it.

Consider, finally, such sentences as 'Cows have four stomachs', 'Humans produce one offspring at a time', 'Stags shed their antlers annually' – sentences which make the very stuff of Aristotle's biological writings. It is not true that *every* cow has four stomachs – there are deformed specimens with three or five apiece. Yet Aristotle the biologist does not mean to say that *some* cows happen to have four stomachs, nor even that most cows do. Rather, he means to say that *every* cow naturally has four stomachs (even if, by some accident of birth, some cows in fact do not). Aristotle stresses that in nature many things hold 'for the most part', and he believes that most of the truths of the natural sciences will be expressible by way of sentences of the form 'By nature, every so-and-so is such-and-such', sentences which are true if for the most part so-and-so's are such-and-such. But what exactly is the structure of sentences of that form? Aristotle wrestled with the question, but he found no satisfactory answer.

The logical system which Aristotle develops in the *Prior Analytics* is based upon his account of the nature of propositions. The arguments he considers all consist of two premisses and one conclusion, each of these three components being a simple proposition. Logic is a general discipline, and Aristotle wanted to deal generally with all possible arguments (of the types he described). But there are indefinitely many arguments, and no treatise could possibly deal individually with all of them. In order to achieve generality, Aristotle introduced a simple device. Instead of employing particular terms – 'man', 'horse', 'swan' – in order to describe and characterize arguments, he used letters – A, B, C. Instead of genuine sentences, such as 'Every octopus has eight tentacles', he used quasi-sentences or sentence patterns, such as 'Every A is B.' This use of letters and sentence patterns allows Aristotle to speak with full generality; for what holds true of a pattern, holds true of every particular instance of the pattern. For example, Aristotle needs to show that from 'Some sea-creatures are mammals' we may infer 'Some mammals are sea-creatures', that from 'Some men are Greeks' we may infer 'Some Greeks are men', that from 'Some democracies are illiberal' we may infer 'Some illiberal regimes are democratic', and so on – he wants to show (as the jargon has it) that every particular affirmative proposition converts. He does so by considering the sentence pattern 'Some A is B', and by proving that from a sentence of that pattern we can infer the corresponding sentence of the pattern 'Some B is A'. If that has been shown to hold for the pattern, then it has been shown, at one blow, to hold for all of the indefinitely many instances of the pattern.

Aristotle invented this use of letters. Logicians are now so familiar with the invention, and employ it so unthinkingly, that they may forget how remarkable an invention it was. The *Prior Analytics* makes constant use of letters and patterns. Thus the very first type of argument which Aristotle describes and endorses is expressed by means of letters: 'If A is predicated of every B, and B of every C, necessarily A is predicated of every C'. In arguments of this form, all three propositions (the two premisses and the conclusion) are universal, affirmative, and assertoric. An instance might be: 'Every animal that breathes possesses lungs; every viviparous animal breathes; therefore every viviparous animal possesses lungs.'

In the first part of the *Prior Analytics* Aristotle considers all possible pairings of simple propositions, and determines from which pairs a third simple proposition may be inferred, and from which pairs no conclusion may be inferred. He divides the pairings into three groups or 'figures', and his discussion proceeds in a rigorous and orderly fashion. The pairings are taken according to a fixed pattern, and for each pair Aristotle states, and proves formally, what conclusion, if any, may be inferred. The whole account is recognized as the first essay in the science of formal logic.

The logical theory of the *Prior Analytics* is known as 'Aristotle's syllogistic'. The Greek word '*sullogismos*' is explained by Aristotle as follows: 'A *sullogismos* is an argument in which, certain things being assumed, something different from the things assumed follows from necessity by the fact that they hold'. The theory of the *Prior Analytics* is a theory of the *sullogismos* – a theory, as we might put it, of deductive inference.

Aristotle makes great claims for his theory: 'every proof and every deductive inference (*sullogismos*) must come about through the three figures that we have described'; in other words, every possible deductive inference can be shown to consist of a sequence of one or more arguments of the type which Aristotle has analysed. Aristotle is, in effect, claiming that he has produced a complete and perfect logic; and he offers a complex argument in favour of the claim. The argument is defective, and the claim is false. Moreover, the theory inherits the weaknesses of the account of propositions on which it is based – and it contains a number of internal deficiencies to boot. None the less, later thinkers were so impressed by the power of Aristotle's exposition that for more than a thousand years Aristotelian syllogistic was taught as though it contained the sum of logical truth. And indeed on any account, the *Prior Analytics* – the very first attempt to develop a science of logic – is a work of outstanding genius. It is elegant and systematic; its arguments are orderly, lucid, and rigorous; and it achieves a remarkable level of generality.

Chapter 8
Knowledge

The logic of the *Prior Analytics* serves to derive the theorems of a science from its axioms. The *Posterior Analytics* is primarily concerned to study the nature of the axioms themselves, and hence the general form of an axiomatized deductive science. To a surprising extent, the *Posterior Analytics* is independent of the syllogistical theory developed in the *Prior Analytics*: whatever the explanation for this fact may be, it has a happy consequence – the deficiencies in Aristotle's theory of inference are not all inherited by his theory of axiomatization.

Aristotle's account of the nature of axioms is based upon his conception of the nature of knowledge; for a science is meant to systematize our knowledge of its subject-matter, and its component axioms and theorems must therefore be propositions which are known and which satisfy the conditions set upon knowledge. According to Aristotle, 'we think we know a thing (in the unqualified sense, and not in the sophistical sense or accidentally) when we think we know both the cause because of which the thing is (and know that it is its cause) and also that it is not possible for it to be otherwise'. A zoologist, then, will know that cows have four stomachs if, first, he knows why they do (if he knows that they have four stomachs because of such-and-such a fact) and, secondly, he knows that cows must have four stomachs (that it does not merely happen to be the case that they do). Those two conditions set upon knowledge govern Aristotle's whole approach to axiomatic science in the *Posterior Analytics*.

The first condition set upon knowledge is a condition of causality. The word 'cause' must be taken in a broad sense: it translates the Greek '*aitia*', which some scholars prefer to render by 'explanation'. To cite a 'cause' of something is to explain why it is so.

The condition of causality is linked to a number of other requirements which the axioms of any science must satisfy.

> If knowing is what we have laid it down to be, demonstrative knowledge must be based upon things which are true and primary and immediate, and more known than and prior to and causes of the conclusion; for thus the principles will be appropriate to what is being proved. There can be an inference without these conditions, but there cannot be a proof; for it will not yield knowledge.

The principles or starting-points of demonstrative knowledge are the axioms on which the science is based; and Aristotle's general point is that those principles or axioms must satisfy certain requirements if the system they ground is to be a science, a system of knowledge.

Clearly, the axioms must be true. Otherwise they could neither be known themselves nor ground our knowledge of the theorems. Equally clearly, they must be 'immediate and primary'. Otherwise there will be truths prior to them from which they can be derived – and thus they will not after all be axioms or first principles. Again, in so far as our knowledge of the theorems depends upon the axioms, it is reasonable to say that the axioms must be 'more known' than the theorems.

It is the final condition in Aristotle's list, that the axioms be 'prior to and causes of the conclusion', which is linked most directly to his account of what knowledge is. Our knowledge of the theorems rests upon the axioms, and knowledge involves a grasp of causes: hence the axioms must state the ultimate causes which account for the facts expressed by the theorems. A man who reads through an axiomatized science, starting from the axioms and proceeding through the successive theorems, will in effect be reading off a list of causally connected facts.

At first glance, the causality condition seems odd. Why should we suppose that knowing something requires knowing its cause? Surely we know large numbers of facts about whose causes we are quite in the dark? (We know that inflation occurs; but economists cannot tell us why it does. We know that the Second World War broke out in 1939; but historians dispute among themselves about the causes of the war.) Moreover, the causality condition appears to threaten an infinite regress. Suppose I know X; then according to Aristotle I must know the cause of X. Call that Y. Then it seems to follow that I must know the cause of Y too; and so on *ad infinitum*.

The second of those problems was explicitly discussed by Aristotle. He held that there are some facts which are causally primary, or which have no causes apart from themselves; and he sometimes expresses this by saying that they are self-caused or self-explanatory. Why do cows have horns? Because they are deficient in teeth (so that the matter which would have formed teeth goes to make horns). Why are they deficient in teeth? Because they have four stomachs (and so can digest their food unchewed). Why do they have four stomachs? Because they are ruminants. Why, then, are cows ruminants? Simply because they are cows – there is no further feature, apart from their being cows, which explains why cows are ruminants; the cause of a cow's being a ruminant is just its being a cow.

That cows are ruminants is self-explanatory. Aristotle usually says that such self-explanatory facts are definitions, or parts of definitions; so that the axioms of the sciences will for the most part consist of definitions. A definition, in Aristotle's sense, is not a statement of what some word means. (It is no part of the meaning of the word 'cow' that cows are ruminants; for we all know what 'cow' means long before we know that cows are ruminants.) Rather, definitions state the essence of a thing, what it is to be that thing. (It is part of the essential nature of a cow that it is a ruminant; what it is to be a cow is to be a ruminant animal of a certain kind.) Some modern philosophers have rejected – and ridiculed – Aristotle's talk of essences. But Aristotle shows himself the better scientist; for an important part of the scientific endeavour consists in explaining the various quirks and properties of substances and stuffs in terms of their fundamental natures – that is to say, in terms of their essences. Aristotle's axiomatic sciences will start from essences and successively explain derivative properties. The theorems of animal biology, say, will express the derived properties of animals, and the deduction of the theorems from the axioms will show how those properties are dependent upon the relevant essences.

But must all knowledge be causal or explanatory in this way? Although Aristotle's official view is that 'we know each thing only when we know its cause', he often uses the word 'know' – just as we do – in cases where the cause escapes us. And Aristotle is surely mistaken in asserting that knowledge is always causal. But it would be short-sighted simply to lament the mistake and pass on. Aristotle, like Plato before him, was primarily concerned with a special type of knowledge – with what we may call scientific understanding; and it is plausible to claim that scientific understanding involves knowledge of causes. Although we may know quite well that inflation occurs without being able to say why it does, we cannot claim to understand the phenomenon of inflation until we have a grasp of its causes, and the science of economics is imperfect until it can supply such a causal understanding. Taken as a piece of lexicography, Aristotle's definition of 'knowledge' is false; construed as a remark about the nature of the scientific enterprise, it expresses an important truth.

So much for the condition of causality. The second condition in Aristotle's account of knowledge is that what is known must be the case of necessity: if you know something, that thing cannot be otherwise. In the *Posterior Analytics* Aristotle elaborates the point. He connects it with the thesis that only universal propositions can be known. He infers that 'the conclusion of such a proof must be eternal – therefore there is no proof or knowledge about things which can be destroyed'.

The necessity condition with its two corollaries seems no less strange than the causality condition. Surely we do have knowledge of contingent facts (for example, that the population of the world is increasing), and of particular facts (for example, that Aristotle was born in 384 BC). Moreover, many of the sciences seem to countenance such knowledge. Astronomy, for example, deals with particular objects – with the sun and the moon and the stars; and the case is similar with geography, which Aristotle studied in his *Meteorology*, and, most obviously, with history. Aristotle, it is true, thinks that the objects of astronomy are not perishable but eternal. He also holds that 'poetry is more philosophical and more serious than history – for poetry tends to describe what is universal, history what is particular'. (History, in other words, is not granted full scientific status.) But that does not alter the fact that some sciences deal unequivocally with particulars.

Furthermore, Aristotle believed (as we shall shortly see) that the basic entities of the world are perishable particulars; and it would be paradoxical if he were driven to the view that there is no scientific knowledge of these fundamental objects. In any case, Aristotle is wrong to infer from the necessity condition that knowledge must be about eternal objects. It is a universal and perhaps a necessary truth that the parents of a human being are themselves human ('a man', as Aristotle puts it, 'generates a man'). You might perhaps say it is an eternal truth – at least, it is always true. But it is not a truth about eternal objects: it is a truth about mortal, perishable men. Moreover,

Aristotle himself concludes, at the end of a tangled argument, that 'to say that all knowledge is universal . . . is in a way true and in a way not true . . . It is clear that knowledge is in a way universal and in a way not.' Thus he allows that there is, 'in a way', knowledge of particulars; and we must dismiss the second corollary of the necessity condition as a mistake.

As for the first corollary, I have already remarked that in Aristotle's opinion the theorems of science do not always hold universally and of necessity: some of them hold only 'for the most part', and what holds 'for the most part' is explicitly distinguished from what holds always. 'All knowledge deals either with what holds always or with what holds for the most part (how else could one either learn it or teach it to someone else?); for it must be determined either by what holds always or by what holds for the most part – for example, that honeywater for the most part benefits the feverish.' Aristotle's assertion that scientific propositions must be universal is an exaggeration, on his own admission; and the same must be said for the necessity condition itself.

Science strives for generality; in order to understand particular occurrences we must see them as part of some general pattern. Aristotle's view that knowledge is of what cannot be otherwise is a reflection of that important fact. But it is a distorted reflection, and the necessity condition laid down in the *Posterior Analytics* is too stringent.

Chapter 9
Ideal and Achievement

Aristotle has emerged as a systematic thinker. The various sciences are autonomous but systematically interrelated. Each individual science is to be developed and presented in the form of an axiomatic system – 'in the geometrical manner', as later philosophers put it. Moreover, the set of concepts within which Aristotle's notion of science finds its place was itself systematically examined and ordered. Perhaps none of that is surprising. Philosophy, after all, is nothing if not systematic, and Aristotle's system – his 'world picture' – has for centuries been held up for admiration and praise.

Some scholars, however, have disputed this view of Aristotle. They have denied that he was a system-builder. Themselves distrusting the grandiose claims of systematic philosophy, they find Aristotle's virtues to lie elsewhere. For them, Aristotle's philosophy is essentially 'aporetic': it consists in the posing of particular puzzles or *aporiai*, and in the development of particular solutions to them. Aristotle's thought is tentative, flexible, changing. He does not sketch a grand design and then fill in the details; nor does he follow a single method towards a single goal. Rather, the details are all; and the methods and modes of argument vary with the topics to which they are addressed. Aristotle works piecemeal.

This anti-systematic interpretation of Aristotle's thought is now widely accepted. It has much to be said in its favour. Book III of the *Metaphysics*, for example, consists of a long catalogue of puzzles, and much of the remainder of the *Metaphysics* is given over to their solution. Or consider the following passage: 'here, as elsewhere, we must set down the phenomena and first go through the puzzles; then we must prove the reputable opinions about these matters – if possible, all of them, if not, the majority and the most important'. First, set down prevailing views on the matter ('the phenomena', or 'the things which seem to be the case', are the reputable opinions on the subject); then go through the puzzles which those views raise (because they are obscure, perhaps, or because they are mutually inconsistent); finally, prove all or most of the views to be true. That is no recipe for system-building; yet it is a recipe which Aristotle commends and which he sometimes follows.

Moreover, the aporetic interpretation seems to do justice to an aspect of Aristotle's work which on the traditional interpretation must perplex. Aristotle's scientific treatises are never presented in an axiomatic fashion. The prescriptions of the *Posterior Analytics* are not followed in, say, the *Meteorology* or the *Parts of Animals*. Those treatises do not lay down axioms and then proceed to deduce theorems; rather, they present, and attempt to answer, a connected sequence of problems. On the traditional view, the treatises must seem – to put it paradoxically – wholly un-Aristotelian: the trumpeted system is simply not apparent in their pages. On the aporetic interpretation, the treatises represent the essence of Aristotle's philosophy: his occasional reflections on systematization are not to be taken too seriously – they are ritual gestures towards a Platonic notion of science, not evidence of Aristotle's own fundamental convictions.

It is undeniable that many of Aristotle's treatises are, in large part, aporetic in style – that they discuss problems, and discuss them piecemeal. It is also undeniable that the treatises contain little or nothing in the way of axiomatized development. But it does not follow

10. The site of the Lyceum, unearthed in 1996. ‘The Lyceum was not a private college: it was a public place – a sanctuary and a gymnasium. An old story tells that Aristotle lectured to his chosen pupils in the mornings and to the general public in the evenings.’

that Aristotle was not at bottom a systematic thinker; and the theory of science expounded in the *Posterior Analytics* cannot be dismissed as an irrelevant archaism, a genuflection to Plato's ghost. There are so many hints and intimations of systematization in the treatises that the solution of *aporiai* cannot be regarded as the be-all and end-all of Aristotle's scientific and philosophical enquiries; and – a point worth underlining – even the piecemeal discussions of individual problems are given an intellectual unity by the common conceptual framework within which they are examined and answered. Systematization is not achieved in the treatises; but it is an ideal, ever present in the background.

What, then, are we to say of the unsystematic features of Aristotle's works? First, not all of Aristotle's treatises are works of science: many are works about science. The *Posterior Analytics* is a case in point. That treatise is not presented axiomatically; but then it is a treatise about the axiomatic method – it is concerned not to develop a science but rather to examine the way in which a science should be developed. Again, many parts of the *Physics* and of the *Metaphysics* are essays on what we might call the foundations of science. We should not expect that writings about the structure and grounds of science will themselves exhibit the features which they demand of writings within the sciences.

But what of the aporetic aspects of Aristotle's properly scientific works? Why are the *Meteorology* and the *Parts of Animals*, say, not presented axiomatically? The answer is simple. Aristotle's system is a design for finished or completed sciences. The *Posterior Analytics* does not describe the activities of the scientific researcher: it determines the form in which the researcher's results are to be systematically organized and displayed. The sciences which Aristotle knew and to which he contributed were not complete, nor did he take them to be. Perhaps he had his optimistic moments: Cicero reports that 'Aristotle, accusing the old philosophers who thought that philosophy had been perfected by their own efforts, says that they were either very stupid or very vain; but that he himself could see that, since great advances had been made in so few years, philosophy would be completely finished in a short time.' But in fact Aristotle never boasts of having completed any branch of knowledge – save perhaps the science of logic.

Aristotle says enough to enable us to see how, in a perfect world, he would have presented and organized the scientific knowledge which he had industriously amassed. But his systematic plans are plans for a completed science, and he himself did not live long enough to discover everything. Since the treatises are not the final presentations of an achieved science, we should not expect to find in them an orderly succession of axioms and deductions. Since the treatises are intended, in the end, to convey a systematic science, we should expect them to indicate how that system is to be achieved. And that is exactly what we do find: Aristotle was a systematic thinker; his surviving treatises present a partial and unfinished sketch of his system.

Chapter 10
Reality

Science is about real things. That is what makes it knowledge rather than fantasy. But what things are real? What are the fundamental items with which science must concern itself? That is the question of ontology, and a question to which Aristotle devoted much attention. One of his ontological essays, the *Categories*, is relatively clear; but most of his ontological thought is to be found in the *Metaphysics*, and in some of the most obscure parts of that obscure work.

'Now the question which, both now and in the past, is continually posed and continually puzzled over is this: What is being? That is, what is substance?' Before sketching Aristotle's answer to that question we must ask about the question itself. What is Aristotle after? What does he mean by 'substance'? This preliminary question is best approached by a circuitous route.

The *Categories* is concerned with classifying types of predicate ('*katêgoria*' is Aristotle's word for 'predicate'). Consider a particular subject, say Aristotle himself. We can ask various types of question about him: *What* is he? – He is a man, an animal, etc. What are his *qualities*? – He is pale, intelligent, etc. How large is he? – He is five feet ten and ten stone eight. How is he *related* to other things? – He is Nicomachus' son, Pythias' husband. *Where* is he? – He is in the Lyceum. . . . Different types of question are answered appropriately

ΑΡΙΣΤΟΤΕΛΟΥΣ ΤΑ ΜΕΤΑ ΤΑ ΦΥΣΙΚΑ

ARISTOTLE'S METAPHYSICS

A REVISED TEXT
WITH INTRODUCTION AND COMMENTARY

BY

W. D. ROSS
FELLOW OF ORIEL COLLEGE
DEPUTY PROFESSOR OF MORAL PHILOSOPHY IN THE
UNIVERSITY OF OXFORD

VOLUME I

OXFORD
AT THE CLARENDON PRESS
1924

11. 'All men by nature desire to know': the optimistic opening of Aristotle's *Metaphysics*. The title-page of Sir David Ross's edition of the *Metaphysics*, first published at Oxford in 1924.

by different types of predicate. The question 'How large?' attracts predicates of *quantity*, the question 'How related?' attracts predicates of *relation*, and so on. Aristotle thinks that there are ten such classes of predicate; and he offers to characterize each class. For example, 'what is really peculiar to quantities is that they can be called equal and unequal'; or 'in respect of qualities alone are things called like and unlike'. Not all of Aristotle's classes are equally clearly delineated, and his discussion of what belongs to what class contains some puzzles. Again it is not clear why Aristotle settles for *ten* classes. (He rarely makes use, outside the *Categories*, of all ten classes; and he was probably not firmly committed to that precise number.) But the general point is plain enough: predicates fall into different classes.

Aristotle's classes of predicates are themselves now called 'categories', the term 'category' having been transferred from the things classified to the things into which they are classified, so that it is normal to talk of 'Aristotle's ten categories'. More importantly, the categories are generally referred to as categories 'of being' – and indeed Aristotle himself will sometimes refer to them as 'the classes of the things that exist'. Why the switch from classes of predicates to classes of beings? Suppose that the predicate 'healthy' is true of Aristotle: then health is one of Aristotle's qualities, and there must *be* such a thing as health. In general, if any predicate is true of anything, then that thing has a certain property – the property corresponding to the predicate. And the things or properties corresponding to predicates may themselves be classified in a way corresponding to the classification of the predicates. Or rather, there is only one classification: in classifying predicates, we thereby classify properties; in saying that the predicate applied to Aristotle in the sentence 'Aristotle is healthy' is a predicate of quality, or that the predicate applied to him in 'Aristotle is in the Lyceum' is a predicate of place, we are saying that health is a quality, or that the Lyceum is a place. Things, like predicates, come in different sorts; and if there are ten classes or categories of predicate, there are ten classes or categories of things.

Predicates which answer the question 'What is so-and-so?' fall into the category which Aristotle calls 'substance', and the things which belong to the category are substances. The class of substances is peculiarly important; for it is primary. In order to understand the primacy of substance we must turn briefly to a notion of central significance to Aristotle's whole thought.

Aristotle noticed that certain Greek terms are ambiguous. 'Sharp', for example, in Greek as in English, can be applied to sounds as well as to knives; and it is plain that it is one thing for a sound to be sharp and quite another for a knife to be sharp. Many ambiguities are easily detected: they may provide puns, but they do not provide puzzlement. But ambiguity is sometimes more subtle, and it sometimes infects terms of philosophical importance. Aristotle thought that most of the key terms in philosophy were ambiguous. In the *Sophistical Refutations* he spends some time in expounding and solving sophistical puzzles that are based on ambiguity, and Book V of the *Metaphysics*, sometimes called Aristotle's 'philosophical lexicon', is a set of short essays on the different senses of a number of philosophical terms. 'Something is called a cause in one way if . . ., in another if.. . .'; 'Something is said to be necessary if . . ., or if . . .'. And so on, for many of the terms central to Aristotle's own philosophical system.

One of the terms which Aristotle recognizes as ambiguous is the term 'being' or 'existent'. Chapter 7 of Book V of the *Metaphysics* is given over to 'being'; and Book VII begins by observing that 'things are said to be in many senses, as we described earlier in our remarks on ambiguity; for being signifies what a thing is (that is, this so-and-so), and quality or quantity or each of the other things predicated in this way'. There are at least as many senses of 'being', then, as there are categories of beings.

Some ambiguities are merely 'chance homonymies' – as with the Greek word '*kleis*' which means both 'bolt' and 'collar-bone'. Aristotle does not mean that it was a matter of chance that '*kleis*' was applied to collar-bones as well as to bolts (that would be evidently false, and many ambiguities have some sort of rough similarity to explain their existence). What he means is that there is no connection of meaning between the two uses of the term: you could be perfectly capable of using the word in one of its senses without having an inkling of the other. But not all ambiguities are 'chance homonymies' in this sense, and in particular the word 'be' or 'exist' does not present a chance homonymy: 'things are said to exist in many ways, but with reference to one thing and to some single nature, and not homonymously' ('not homonymously' here means 'not by chance homonymy'). Aristotle illustrates what he has in mind by two non-philosophical examples:

> Everything that is healthy is so called with reference to health – some things by preserving it, some by producing it, some by being signs of health, some because they are receptive of it; and things are called medical with reference to the art of medicine – for some things are called medical by possessing the art of medicine, others by being well adapted to it, others by being instruments of the art of medicine. And we shall find other things called in a similar manner to these.

The term 'healthy' is ambiguous. We call all sorts of things – men, spas, foodstuffs – healthy; but George V, Bognor Regis, and All Bran are not all healthy in the same sense. Yet the different senses of 'healthy' are interconnected, and their interconnection is determined by the fact that all refer to some one thing, namely health. Thus for George V to be healthy is for him to *possess* health; for Bognor Regis to be healthy is for it to *produce* health; for All Bran to be healthy is for it to *preserve* health; and so on. 'Some single nature' enters into the explanation of what it is for each of these diverse things to be diversely healthy.

So too with the term 'medical', which in a similar way focuses on the science of medicine. So too, according to Aristotle, with 'being' or 'existence'.

> Thus things are said in many ways to exist, but all with reference to one starting-point. For some are said to exist because they are substances, others because they are affections of substances, others because they are paths to substance or destructions or privations or qualities or producers or creators of substances or of things said to exist by reference to substance, or are negations of these or of substance.

Just as everything called healthy is so called with reference to health, so everything said to be or to exist is so said with reference to substance. There exist colours and sizes, changes and destructions, places and times. But for a colour to exist is for some *substance* to be coloured, for a size to exist is for some *substance* to have it, for a movement to exist is for some *substance* to move. Non-substances exist, but they are parasites – they exist only as modifications or affections of substances. For a non-substance to exist is for an existing substance to be modified in some way or other. But the existence of substances is not parasitic: substances exist in a primary sense; for a substance to exist is *not* for something else – something non-substantial – to be as it were, substantified.

The term 'exist', like the term 'healthy', possesses unity in diversity; and 'exist' focuses on substance just as 'healthy' focuses on health. That is the chief way in which the class of substances is primary in relation to the other categories of being.

Then what is it to be a substance? Substance-predicates are predicates which provide decent answers to the question 'What is it?'. Men are substances; that is to say, 'man' is a substance-predicate – for 'He is a man' is a decent answer to the question 'What is Aristotle?'. But the 'What is it?' question is far too imprecise. In Book V of the *Metaphysics* Aristotle supplements, or supplants, it by a different criterion for being a substance: 'things are called substances in two ways: whatever is the ultimate subject, which is no longer said of anything else; and whatever, being this so-and-so, is also separable'. The second way in which things are called substances couples two notions frequently employed by Aristotle in his reflections on the question: a substance is 'this so-and-so', and it is also 'separable'.

'This so-and-so' translates the Greek '*tode ti*', an odd sort of phrase which Aristotle nowhere explains. What he seems to have in mind can perhaps be expressed in the following way. Substances are things to which we can refer by use of a demonstrative phrase of the form '*this* so-and-so'; they are things that can be picked out, identified, individuated. Socrates, for instance, is an example of a 'this so-and-so'; for he is *this man* – an individual whom we can pick out and identify.

But what about, say, Socrates' complexion, his paleness? Can we not refer to that by the phrase 'this paleness'? Is this paleness not something which we can identify and reidentify? Aristotle says that 'the particular pale is in a subject, namely the body (for all colour is in a body)', and by 'the particular pale' he appears to mean 'this paleness', an individual instance of the quality of being pale. But even if this paleness is an individual thing, it does not follow that we must allow it to be a substance. For a substance is not only 'this so-and-so': it is also 'separable'. What is separability here?

It seems that Socrates might exist without his paleness but that Socrates' paleness cannot exist without Socrates. Socrates may lie on the beach and so cease to be pallid: he is there without his pallor – but his pallor cannot be there without him. Socrates is separable from his paleness. Socrates' paleness is not separable from Socrates. That is perhaps part of what Aristotle means by separability; but it is probably not a complete account. For one thing, Socrates may cease to be pale, but he cannot cease to be coloured; he may be separable from paleness, but he is not in the same way separable from colour.

We need to refer again to Aristotle's account of the ambiguity of being. Some things, we saw, are parasitic upon others: a parasitic item exists insofar as some other existent to be somehow related to it. There is a connection between parasitism and separation: a thing is separable if it is not parasitic. Socrates is separable from his paleness, because for Socrates to exist is not for his paleness to be modified in a certain way; Socrates' paleness is not separable from Socrates, because for it to exist is for some other thing, namely Socrates, to be pale. Socrates is separable from his paleness. He is also separable from his colour; for although he must have some colour or other, his existence is not a matter of colour being modified in some way or other. In general, Socrates is separable from everything else: for Socrates to exist is not a matter of something else being thus and so.

Then what is a substance? A thing is a substance if, and only if, it is both an individual (a 'this so-and-so', something capable of being designated by a demonstrative phrase), and also a separable item (something non-parasitic, a thing whose existence is not a matter of some other thing's being modified in some way or other).

We can now return to Aristotle's eternal question: What things in fact are substances? We should not expect a simple and authoritative answer from Aristotle (after all, he says that the question is perpetually puzzling), and in fact his attempted answers are hesitant and difficult to understand. But one or two things emerge fairly clearly. Aristotle's predecessors had, he thought, implicitly offered a number of different answers to the question. Some had held that stuffs – gold, flesh, earth, water – were substances (he is thinking primarily of the earliest Greek philosophers, who focused their attention on the material constituents of things). Others had held that the ultimate parts of ordinary things were substances (Aristotle is thinking of the ancient atomists, whose basic entities were microscopical corpuscles). Yet other thinkers had proposed that numbers were substances (the Pythagoreans and certain of Plato's followers fall into this camp). Finally, some had decided that substances are only to be found among certain abstract entities or universals (Plato's doctrine of Forms is the outstanding example of such a theory). Chalk, a gaggle of quarks, the prime numbers, Truth and Beauty – all are, or were held to be, prime candidates for substancehood.

Aristotle rejected all the candidates. 'It is plain that of the things that are thought to be substances, most are powers – both the parts of animals . . . and earth and fire and air.' For earth to exist, we might say, is for certain substances to have certain powers (in Aristotle's view, for them to have the power or tendency to move downwards); and for fire to exist is for certain substances to heat and burn and to have a tendency to rise. As for the parts of animals, 'all these are defined by their functions; for each is truly such if it can perform its own function – for example, an eye, if it can see – and what cannot do so is an eye only homonymously (for example, a dead one or one made of stone)'. An eye is something that can see; for eyes to exist is for animals to be capable of seeing.

So much for stuffs and for parts. As for numbers, they are plainly non-substantial. The number three exists just in so far as there are groups of three things. Numbers are essentially numbers of things, and although the number ten is not identical with any or every group of ten items, still the existence of the number ten consists precisely in there being such groups or sets of ten substances. Such at least is the view which Aristotle develops in the last two books of the *Metaphysics*.

He devotes most of his polemical attention to the fourth candidate for substancehood. Plato's theory of Forms was by far the most elaborate ontological theory with which Aristotle was acquainted, and it was a theory to which, in his years in the Academy, he was perpetually exposed. Aristotle's arguments against the Platonic theory were first set out in a special treatise *On the Ideas*, which survives only in fragments. He returned to the attack again and again, and produced a battery of considerations against the theory. Many of these arguments concern detailed aspects of Plato's view; but some of them are wholly

12. Fragment of a dialogue on Platonic metaphysics, perhaps from Aristotle's lost work *On Ideas*. The text is in mirror-writing on a lump of mud: the mud absorbed the ink from a piece of papyrus and the papyrus rotted away. The fragment was found in Afghanistan – see illustration on page 138.

general, and they apply with equal force to any theory which takes universal items such as Truth and Beauty to be substances.

Aristotle held that whiteness exists insofar as certain substances are white. Plato, on the contrary, held that a substance is white insofar as it shares in whiteness. In Aristotle's opinion, white things are prior to whiteness, for the existence of whiteness is simply a matter of there being white things. In Plato's opinion, whiteness is prior to white things, for the existence of white things is simply a matter of their sharing in whiteness. Aristotle's arguments against this Platonic notion are powerful; but they have not convinced determined Platonists – nor is it easy to see how the dispute might be settled.

If Platonism goes the way of the other three accounts of substance, then what is to be said? What are Aristotelian substances? The answer is robust and commonsensical. The first and plainest examples of substances are animals and plants; to these we may add other natural bodies (the sun, the moon, and the stars, for example), and perhaps also artefacts (tables and chairs, pots and pans). In general, perceptible things – middle-sized material objects – are the primary furniture of Aristotle's world; and it is significant that he often poses his ontological question by asking if there are any substances apart from perceptible substances. Such, in Aristotle's view, are the basic realities, and the things with which science principally concerns itself.

Chapter 11
Change

Can we say anything more, in general terms, about those middle-sized material objects which are the chief substances in Aristotle's world? One of their most important features is that they change. Unlike Plato's Forms, which exist eternally and are always the same, Aristotle's substances are for the most part temporary items which undergo a variety of alterations. There are, in Aristotle's view, four types of change: a thing can change in respect of substance, of quality, of quantity, and of place. Change in respect of substance is coming-into-being and going-out-of-existence, or generation and destruction; such changes occurs when a cat is born and when it dies, when a statue is made and when it is smashed. Change in respect of quality is called alteration: a plant alters when it grows green in the sunlight or pale in the dark; a wax candle alters when it grows soft in the heat or hardens in the cold. Change in respect of quantity is growth and diminution; and natural objects typically begin by growing and end by diminishing. Finally, change in respect of place is motion. Most of the *Physics* is devoted to a study of change in its different forms. For the *Physics* studies the philosophical background to natural science; and 'nature is a principle of motion and change', so that 'things have a nature if they possess such a principle'. That is to say, the very subject-matter of natural science consists of moving and changing things.

Aristotle's predecessors had been puzzled by the phenomena of

PHYSICORVM
ARISTOTELIS
LIBRI,
IOACHIMO PERIONIO
interprete: nunc verò opera doctissimi Nicolai Grouchij integrè restituti, limati, & emendati.
QVORVM SERIEM
pagina sequens indicabit.
IN VIRTVTE, ET FORTVNA.
LVGDVNI,
APVD GVLIEL. ROVILLIVM,
SVB SCVTO VENETO.
M. D. LXI.

13. Title-page of an edition of the *Physics* published at Lyons in 1561. 'Most of the *Physics* is devoted to a study of change in its different forms. For the *Physics* studies the philosopical background to natural science; and "nature is a principle of motion and change".'

change: Heraclitus had thought that change was perpetual and essential to the real world; Parmenides had denied the very possibility of coming-into-being, and hence of any sort of change; Plato had argued that the ordinary changing world could not be a subject of scientific knowledge. In the first books of the *Physics* Aristotle argues that every change involves three things. There is the state from which the change proceeds, the state to which the change proceeds, and the object which persists through the change. In Book V the account is embellished slightly: 'there is something which initiates the change, and something which is changing, and again something in which the change takes place (the time); and apart from these, something from which and something to which. For all change is from something to something; for the thing changing is different from that to which it is changing and from that from which – for example, the log, the hot, the cold'. When a log becomes hot in the grate, it changes from a state of coldness; it changes to a state of hotness; the log itself persists through the change; the change takes some time; and there was something – perhaps my lighting the match – which initiated the change.

That in every change there is an initial state and an end state is surely obvious; and the states must be distinct, or else no change will have occurred. (An object may change from white to black, and then back to white again. But if its colour is the same throughout a given period, then it has not changed colour during that period.) Again, in the case of qualitative change, of quantitative change, and of locomotion, it is plain that there must be an item which persists through the change. On the one hand, 'there is no change apart from the things that change', or 'all change is a change of something'; on the other hand, this 'something' must persist (for it is one thing for my full glass to become empty, another for it to be replaced by an empty glass). So far so good; but Aristotle's analysis appears to have some difficulty with change in substance.

It is easy to imagine that the two end-states in generation and destruction are non-existence and existence. When Socrates came into being, he changed from a state of non-existence to a state of existence; and when he died he made the reverse change. But a moment's reflection shows the absurdity of this idea. For Socrates does not persist through his generation, nor does he persist through his destruction. On the contrary, these two changes mark the beginning and the ending of Socrates' existence. At this point Aristotle observes that substances – material bodies – are in a sense composite. A house, for example, consists of bricks and timbers arranged in a certain structure; a statue consists of marble or bronze carved or cast into a certain shape; an animal consists of tissues (flesh, blood, and the rest) organized on certain principles. All substances thus consist of two 'parts', stuff and structure, which Aristotle habitually calls 'matter' and 'form'. Matter and form are not physical parts of substances; nor can you cut up a bronze statue into two separate bits, its bronze and its shape. On the other hand, we must not imagine the matter as the physical aspect of a substance and the form as some sort of non-physical additive: the shape of a football is just as physical an aspect as its leathery texture. Rather, matter and form are logical parts of substances; that is to say, an account of what some specific substance is – an account of what a statue is or of what an octopus is – will require mention both of its stuff and of its structure.

We can now see that 'whatever comes into being must always be divisible, and be part thus and part thus – I mean part matter and part form'. And

> it becomes clear . . . that substances . . . come into being from some underlying subject; for there must always be something that underlies, from which what comes into being comes into being – for example, plants and animals from seed. And the things that come into being do so in some cases by change of shape (for example, statues), in some by addition (for example, growing things), in some by subtraction (for

example, a marble Hermes), in some by putting together (for example, a house) . . .

When a statue comes into being or is made, the persisting object is not the statue itself but the matter of the statue, the mass of bronze or the block of marble. The end-states are not non-existence and existence, but shapelessness and shapeliness. When a man comes into being, what persists is the stuff, not the man; and the stuff is first non-human and then human.

This account of the nature of change had the merit of allowing Aristotle to overcome many of the difficulties about change which his predecessors had raised. But it is not wholly compelling. Thomas Aquinas, one of Aristotle's most sympathetic critics, observed that the theory rules out the possibility of creation. Aquinas's God had created the world out of nothing. The world once came into being, and that was, in Aristotle's terms, a substantial change. But the change was not the imposition of a new form on a mass of pre-existing matter: there was no pre-existing matter; and when God created the world he produced the stuff at the same time as he devised the structure. If you reflect solely on the sublunary world, Aquinas says, you may be inclined to accept Aristotle's analysis of change. But if you look higher you will see that not all change will fit the analysis. Whether or not we agree with Aquinas's theology, we may accept the core of his criticism; for we surely cannot rule out creation on purely logical grounds. But if Aristotle's account of change is too restrictive, that is of no great moment for his theory of science; for that theory is primarily concerned with ordinary, sublunary, changing things.

Strictly speaking, what I have described so far is not Aristotle's account of change itself, but rather his account of the pre-conditions for change. At any rate, in Book III of the *Physics* he poses the question 'What is change?', and gives an answer which is meant to complement the discussion of the first book. His answer is this: 'Change is the actuality of the potential *qua* such.' (That sentence is often cited as Aristotle's definition of motion. The word 'motion' in English usually means 'change of place', 'locomotion'. Aristotle's word here is '*kinêsis*': though the term is sometimes restricted to locomotion, it usually means 'change' in general, and in Book III of the *Physics* it has its usual meaning.) Aristotle's critics have pounced upon this sentence as an example of pompous obscurantism. It deserves a brief commentary.

The terms 'actuality' and 'potentiality' form a refrain in Aristotle's treatises. They serve to mark the difference between something which is actually so-and-so and something which is potentially so-and-so; between, say, a builder who is slapping mortar on bricks, and a builder on holiday (a builder who is not building but retains the pertinent skills and capacities). It is one thing to have a capacity, another to exercise it; one thing to possess potential, another to actualize it. Aristotle makes a number of claims about the distinction between actuality and potentiality, some of them acute, some dubious. He holds, for example, that 'actuality is in all cases prior to potentiality both in definition and in substance; and in time it is in a way prior and in a way not'. The first point is true; for in order to define a potentiality we must specify what it is a potentiality for, and in so doing we name an actuality. (To be a builder is to be capable of building, to be visible is to be able to be seen.) Since the reverse is not true (actuality does not in the same way presuppose potentiality), an actuality is prior in definition to its correlative potentiality. On the other hand, the claim that actuality is prior to potentiality in time is less persuasive. Aristotle means that before there can be any potential so-and-sos, there must be actual so-and-sos – before there can be any potential men (that is any stuff that may become human), there must be actual men. For, he says, 'in all cases what is actually so-and-so comes into being from what is potentially so-and-so by the agency of something actually so-and-so – for example, men from men, a musical person by the agency of a musical person. There is always something which initiates the change, and what initiates the change is itself actually so-and-so'. In general, any change requires a cause; and in general, you cause something to be so-and-so inasmuch as you transmit a certain character to it, and you can only transmit what you yourself possess. Thus if someone comes to be musical he must have been caused to be musical by someone or something; the causal agent, since it transmitted musicality, must itself have been actually musical. Hence the actually musical must be there in order for the potentially musical to realize its potential. Aristotle's argument is ingenious; but it is not conclusive. First, it cannot show that the actual is prior to the potential but only that the actual is prior to the actualization of the potential. Secondly, it relies on shaky principles of causation – for example, causation need not be, and usually is not, a matter of transmission.

'Change is the actuality of the potential *qua* such.' Actuality and potentiality for what? The answer emerges in the course of Aristotle's argument: it is the potentiality to be changing. In place of Aristotle's obscure sentence we may therefore write: 'Change is the actuality of the changeable *qua* changeable.' Now this is supposed to explain what it is for something to be changing. Then let us replace Aristotle's abstract nouns 'change' and 'actuality' by modest verbs: 'Something is in the process of changing whenever it possesses a capacity to change and is exercising that capacity.' This paraphrase surely reduces the obscurity of Aristotle's analysis, but it appears to do so at a price – the price of banality. For the analysis becomes a tautology.

Or perhaps not. Perhaps Aristotle did not intend to offer an illuminating definition of change but rather to make a particular point about the sort of actuality involved in change. Aristotle thinks that some actualities are incompatible with their correlative potentialities. What is white cannot become white. What is actually white is not at the same time potentially white. Before being painted white, the ceiling was potentially but not actually white; now, after being painted, it is actually but no longer potentially white. Other actualities are different: being actually so-and-so is quite compatible with still being potentially so-and-so. When I am actually smoking a pipe, I am still capable of smoking a pipe (otherwise I could not puff on). When a steeplechaser is actually galloping over the course, he is still capable of galloping (otherwise he would never reach the finishing-post). The point of Aristotle's 'definition' of change is perhaps this: changes are actualities of the second sort. While Socrates is actually becoming tanned he is still capable of becoming tanned (otherwise his tanning would get nowhere); while the hyacinth is actually growing, it is still capable of growing (otherwise it would be a poor, stunted plant); and in general, while an object is actually changing, it is still capable of changing.

Aristotle has much more to say about change. Change takes place in time and space, and the *Physics* offers intricate theories about the nature of time, of place, and of empty space. Since space and time are infinitely divisible, Aristotle analyses the notion of infinity. He also discusses a number of particular problems concerning the relation of motion to time, including a brief treatment of Zeno's celebrated paradoxes of motion.

The different essays which make up the *Physics* are among the more finished of Aristotle's surviving works: although their subject matter is thorny and although many passages of detailed argument are difficult, their general structure and purport are always clear. The *Physics* is one of the best places to start reading Aristotle.

Chapter 12
Causes

Material objects change, and their changes are caused. The scientist's world is full of causes, and scientific knowledge, as we have already seen, requires the capacity to state causes and to give explanations. We should expect Aristotle's scientific treatises to be filled with causal pronouncements and explanations, and we should expect his philosophical essays to include some account of the nature of causation and explanation. Neither expectation is disappointed.

The core of Aristotle's account of explanation is his doctrine of 'the four causes'. Here is his brief exposition:

> A thing is called a cause in one way if it is a constituent from which something comes to be (for example, bronze of the statue, silver of the goblet, and their genera); in another way if it is the form and pattern, that is, the formula of its essence, and the genera of this (for example, 2:1, and in general number, of the octave), and the parts present in the account; again, if it is the source of the first principle of change or rest (for example, the man who deliberates is a cause, and the father of the child, and in general the maker of what is being made and the changer of what is changing); again, if it is a goal – that is, that for the sake of which (for example, health of walking – Why is he walking? – we say: 'In order to be healthy', and in so saying we think we have stated the cause); and also those things which, when something else has initiated

a change, stand between the changer and the goal – for example, slimming or purging or drugs or instruments of health; for all these are for the sake of the goal, and they differ from one another in being some instruments and others actions.

Aristotle tells us that things are called 'causes' in four different ways, but his illustrations are brief and enigmatic. Consider the first example: 'bronze of the statue'. Aristotle can hardly mean that bronze explains, or is the cause of, the statue, since that makes no sense at all. But what does he mean? The first point to notice is that, in Aristotle's view, to ask for a cause is to seek 'the because-of-which'; that is to say, it is to ask why something is the case. A question 'Why?' requires an answer 'Because'; so if you want to cite the cause of something, you should be able to use a sentence of the form 'X because Y'.

Secondly, Aristotle says that 'the because-of-which is always sought in this way: Because of what does one thing belong to another? . . . for example: Because of what does it thunder? Because of what does noise occur in the clouds? For in this way one thing is being sought of another. Again: Because of what are these things, namely bricks and timbers, a house?' Whenever we seek a cause, we ask why this is that, why so-and-so is such-and-such. That is to say, the fact we are trying to explain can be expressed in a simple subject-predicate sentence: So-and-so is such-and-such. The question we ask is: Why is so-and-so such-and-such? And the answer can be put in the form: So-and-so is such-and-such because . . . (We can, of course, ask not only why wading-birds have webbed feet, but also why there are any wading-birds at all; and if the former question asks 'Because of what does one thing belong to another?', the latter question seems to be concerned with one thing only, namely wading-birds. Aristotle answers that point by appealing to his analysis of substances into matter and form: to ask why there are wading-birds is to ask why animal tissues sometimes have such-and-such a form – and that is to ask 'Because of what does one thing belong to another?')

14. ‘A thing is called a cause in one way if it is a constituent from which something comes to be – for example, bronze of the statue.’ A bronze statue from Delphi of a victorious charioteer.

Finally, Aristotle says that 'the cause is the middle term': to ask why so-and-so is such-and-such is, as it were, to look for a link joining so-and-so to such-and-such; and that link will constitute a 'middle term' between the two terms of the question. 'Why is so-and-so such-and-such?' – 'Because of so-and-such.' More fully: 'So-and-so is such-and-such, because so-and-so is so-and-such, and so-and-such is such-and-such.' Why do cows have several stomachs? Because cows are ruminants and ruminants have several stomachs. Explanations need not always actually be presented in that stiff form; but Aristotle holds that they always can be so presented, and that the stiff form exhibits the nature of causal connections most perspicuously.

This account of explanatory sentences enables us to see how Aristotle's notion of explanation is integrated with his logic, and how the causes which are the prime objects of the scientist's search may be expressed within the axiomatized deductive system which presents his finished product. Moreover, we are now better equipped to understand the doctrine of the 'four causes'.

'The constituent from which something comes to be', Aristotle's first type of cause, is usually called 'cause as matter' by him and 'the material cause' by his commentators. The illustration, 'bronze of the statue', is elliptical for something of the form: 'The statue is so-and-so because the statue is made of bronze and bronze things are so-and-so.' (Insert 'malleable', 'brown', 'heavy', 'covered in verdigris', etc. in place of 'so-and-so'.) The middle term, 'made of bronze', expresses the cause of the statue's being, for example, malleable; and because bronze is the constituent stuff of the statue the cause here is the material cause.

Aristotle's second sort of cause, 'the form and pattern', is normally referred to as the 'formal' cause. The illustration is again obscure. Consider instead the following passage: 'What it is and why it is are the same. What is an eclipse? – Privation of light from the moon by the earth's screening. Why is there an eclipse? or: Why is the moon eclipsed? – Because the light leaves it when the earth screens it.' In other words, the moon is eclipsed because the moon is deprived of light by being screened and things deprived of light by being screened are eclipsed. Here the middle term, 'deprived of light by being screened', explains why the eclipse occurs; and it states the form or essence of an eclipse – it says what an eclipse is.

Modern readers tend to associate the notion of causation most readily with the action of one thing on another – with pushings and pullings; and they may feel most at home with Aristotle's third type of cause, which is usually called the 'efficient' or 'motive' cause. At least, Aristotle's illustrations of the efficient cause have features which we now associate with the idea of causation. Thus the examples seem to suggest that efficient causes are distinct from the objects they operate upon (the father is distinct from the son, whereas the bronze is not distinct from the statue), and that causes precede their effects (the man who deliberates does so before he acts, whereas the screening does not occur before the eclipse).

Aristotle, however, does not regard efficient causes as radically different from material and formal causes. Moreover, he holds that efficient causes do not always precede their effects – indeed, he treats simultaneity of cause and effect as the normal case. His illustration, 'the father of the child', might be expanded as follows: 'The child is human because the child has a human father and children with human fathers are human.' Here the term which expresses the cause is 'having a human father'; and the cause does not precede the effect: the child does not first have a human father and then become human. Elsewhere Aristotle gives examples of antecedent causes: 'Why did the Persian War come upon the Athenians? What was the cause of the Athenians' being warred upon? – Because they attacked Sardis with the Eretrians; for that initiated the change.' But such examples are unusual.

Aristotle refers to his fourth cause as 'that for the sake of which' and 'the goal'. It is usually known as the 'final' cause ('*finis*' is the Latin for 'end' or 'goal'). The normal way of expressing final causes, as Aristotle's example indicates, is by using the connective 'in order to' or 'in order that': 'He is walking in order to be healthy.' Final causes are odd, in various ways: first, they are not readily expressed in terms of 'the because-of-which' – 'in order to' does not easily translate into 'because'. Secondly, they seem to be appropriate only to a very small number of cases, namely, human intentional actions (for 'in order to' expresses an intention, and only human actions are intentional). Thirdly, they appear to post-date their effects (health, which allegedly causes the walking, comes about after the walking). Fourthly, they may be effective without even existing (a man's health may cause him to walk and yet never come to exist – he may be too dissipated to become healthy, or he may be run over by a bus in the course of his perambulations).

The third and fourth oddities are the least troublesome. Aristotle explicitly recognizes that final causes follow their effects, and he implicitly acknowledges cases in which a final cause is effective but non-existent – neither point struck him as strange. The second oddity is more important. Aristotle does not think that final causes are appropriate only to intentional behaviour: on the contrary, the primary arena within which final causes exert themselves is that of nature – of the animal and vegetable world. I shall return to this point in a later chapter. The first oddity demands an immediate comment.

How do final causes fit Aristotle's account of the structure of explanatory sentences? One of his examples of a final cause is expressed concisely thus: 'Why is there a house? – In order to preserve a man's belongings.' We might expand the explanation as follows: Houses are roofed because houses are shelters for belongings and shelters for belongings are roofed. Here 'shelter for belongings' is the middle term, and it expresses the final cause of houses – it states the goal of having a house. But that gloss on Aristotle's illustration takes us some way from his text, and it is difficult to provide a similar gloss for the man who jogs for the sake of his health.

Final causes do not fit the 'such-and-such because so-and-such' formula. Perhaps we should relax things somewhat. 'Why is so-and-so such-and-such? Because of so-and-such.' In some cases, the relation of so-and-such to so-and-so and such-and-such will be as before: So-and-so is so-and-such, and so-and-such is such-and-such. In other cases, the relation may be more complex. In the case of final causes, so-and-such will explain why so-and-so is such-and-such inasmuch as so-and-such is both a goal for so-and-so and something achievable by way of such-and-such. 'Why does he walk? – For health': health is his goal; and health is achievable by walking. 'Why do ducks have webbed feet? – For swimming': swimming is a goal for ducks (that is, it is good for ducks to swim); and swimming is made easier by having webbed feet.

Aristotle's treatment of explanation contains much more than the distinction among four types of cause. I shall mention two further points. 'Since things are called causes in many ways, it happens that the same thing has many causes non-incidentally; for example, both the art of statue-making and the bronze are causes of the statue (not in virtue of something else, but *qua* statue); but not in the same way: one is cause in the sense of matter, the other in the sense of origin of change.' The same thing may have several different causes. It is tempting to construe 'the same thing' in a weak sense: the statue is heavy, say, because it is made of bronze; the statue is life-size because the sculptor made it so. The two causes are causes not of the very same feature of the statue, but rather of features of the very same statue. But that is not Aristotle's meaning; rather, he holds that one and the same feature of the statue may receive two distinct explanations, according to two different modes of causality. Thus he says that thunder occurs 'both because when fire is extinguished it necessarily sizzles and makes a noise and – if things are as the

Pythagoreans say – in order to threaten and frighten those in Hell'. And in the biological works he regularly looks for double causes in nature.

That is puzzling. Surely if one thing explains another, then there is no room for supposing that, in addition, some third thing explains it; if one thing accounts for another, then that item is accounted for – and there is no accounting left for a third item to do. It hardly makes any difference if the first and the third items pose as different types of cause. If we think we can give an adequate explanation of, say, the behaviour of a dog purely in mechanical terms (by a set of material and efficient causes), then we shall reject any further putative explanation in terms of the animal's goals or ends – such an attempt can explain nothing, since everything is already explained.

It is possible that Aristotle means something a little different from what he says: bronze may, in a way, be a cause of the statue's being heavy; but it is not by itself fully adequate to account for the weight of the statue – we need to add a reference to the sculptor, for he could quite well have fashioned a light statue out of bronze. The point, then, is not that something can be adequately explained by one item and also adequately explained by some different item; but rather that an adequate explanation of something may require mention of several different items. This is true; but it is not quite what Aristotle says.

Finally, a word about chance. Some of Aristotle's predecessors had ascribed numerous natural phenomena to chance, and Aristotle criticized them for so doing. Did he himself leave any room for chance in nature? He certainly believed, as we have already seen, that in nature many things happen not invariably but only for the most part. If something happens one way for the most part, then it must happen another way for the least part. Aristotle identifies 'the accidental' with such exceptions to what happens for the most part, with what happens for the least part. Thus for the most part, men go grey. But there are exceptions. Suppose that Socrates does not go grey: then that is an accident, and it may have occurred by chance. Aristotle adds that such accidental happenings are beyond the purview of science: 'And that there is no knowledge of the accidental is clear; for all knowledge deals either with what holds always or with what holds for the most part (for how else could one either learn it or teach it to someone else?).'

Thus in Aristotle's view, there are accidental phenomena in nature, and they are not subject to scientific knowledge. Does Aristotle infer that the world is to some extent indeterminate, that not all events are bound together by the nexus of causation? No – on the contrary, he supposes that the exceptions to natural regularities occur because of, and can be explained in terms of, peculiarities in the matter of the thing in question. If Socrates does not go grey, that is no causeless mystery: it is determined by the peculiar nature of Socrates' hair. Accidental phenomena have causes. Aristotle does not admit causeless events into the natural world. But he does allow that not all events are amenable to scientific understanding; for not everything exhibits the sort of regularity which science requires.

Chapter 13
Empiricism

How are we to acquire the knowledge which will eventually be packaged into neat Euclidean sciences? How do we get in touch with the substances which constitute the real world, and how do we chart their changes? How do we hit upon their causes and uncover their explanations? Deductive logic is not the answer: Aristotle's syllogistic was never supposed to be a means of finding out facts about the world – it provides a system within which knowledge can be articulated, not a device for making discoveries.

The ultimate source of knowledge, in Aristotle's view, is perception. Aristotle was a thoroughgoing 'empiricist' in two senses of that slippery term. First, he held that the notions or concepts in terms of which we seek to grasp and explain reality are all ultimately derived from perception; 'and for that reason, if we did not perceive anything, we would not learn or understand anything, and whenever we think of anything we must at the same time think of an idea'. Secondly, he thought that all science or knowledge is ultimately grounded on perceptual observations. This is perhaps hardly surprising: as a biologist, Aristotle's primary research tool was sense-perception, his own or that of others; as an ontologist, Aristotle's primary substances were ordinary perceptible objects. Plato, having given abstract Forms the leading role in his ontology, was led to regard the intellect rather than perception as the searchlight which illuminated reality. Aristotle, placing sensible particulars at the centre of the stage, took sense-perception as his torch.

Perception is the source of knowledge, but it is not knowledge itself. How, then, are the facts given in perception transformed into scientific knowledge? Aristotle describes the process as follows.

> All animals . . . have an innate capacity to make discriminations, which is called perception; and if perception is present in them, in some animals the percept is retained and in others it is not. Now for those in which it is not retained . . . there is no knowledge outside perception. But for some perceivers it is possible to hold the percept in their minds; and when many such things have come about there is a further difference, and some animals, from the retention of such things, come to possess a general account, while others do not. Thus from perception there comes memory, as we call it; and from memory (when it occurs often in connection with the same thing) experience – for memories that are many in number form a single experience; and from experience, or from the whole universal that has come to rest in the mind, . . . there comes a principle of skill and of knowledge.

We perceive particular facts – that this thing, here and now, is thus-and-so (that Socrates, say, is now going grey). That perception may stick in the mind and become a memory. Many of the facts we perceive are similar to one another: it is not just Socrates, but Callias and Plato and Nicomachus and the rest who are seen to go grey. And so we may come to have a batch of similar memories, the residues of similar perceptions. When we possess such a batch we have what Aristotle terms 'experience'; and experience is turned into something very close to knowledge when 'the whole universal has come to rest in the mind', when the batch of particular memories is, as it were, compressed into a single thought – the thought that, for the most part, all men go grey. (I say 'something very close to knowledge': knowledge itself does not arrive until we grasp the cause of greying –

until we learn that men go grey as they grow old because as they grow old the sources of pigmentation dry up.) Knowledge, in sum, is bred by generalization out of perception.

This story is open to criticism. First, it is clear that most of our knowledge is not acquired in the way Aristotle suggests. We do not normally require a mass of similar observations before we jump to a universal judgement: I doubt if Aristotle observed hectocotylization in more than one or two octopuses, and he surely dissected very few prawns before giving his general description of their internal parts. The story he tells of the growth of general knowledge from particular observations may be correct at bottom, but its plot must be considerably refined if it is to be an adequate account of our actual procedures.

Secondly, Aristotle's story will meet a philosophical challenge. Is sense-perception reliable? If so, how can we tell that it is? How can we distinguish illusion from genuine perception? And again, are we justified in moving from particular observations to general truths? How can we know if we have made enough observations or if our actual observations are a fair sample of the field of possible observations? Questions of this sort have been asked by sceptically minded philosophers for centuries, and they need to be addressed by any serious Aristotelian.

Aristotle was aware of the dangers of hasty generalization; for example, 'the cause of the ignorance of those who take this view is that, while the differences among animals with regard to copulation and procreation are manifold and unobvious, these people observe a few cases and think that things must be the same in all cases'. But Aristotle has nothing to say in general terms about the problems raised by generalization: those problems – problems of 'induction' as they were later called – did not receive detailed philosophical attention until long after Aristotle's death. Aristotle has rather more to say about the

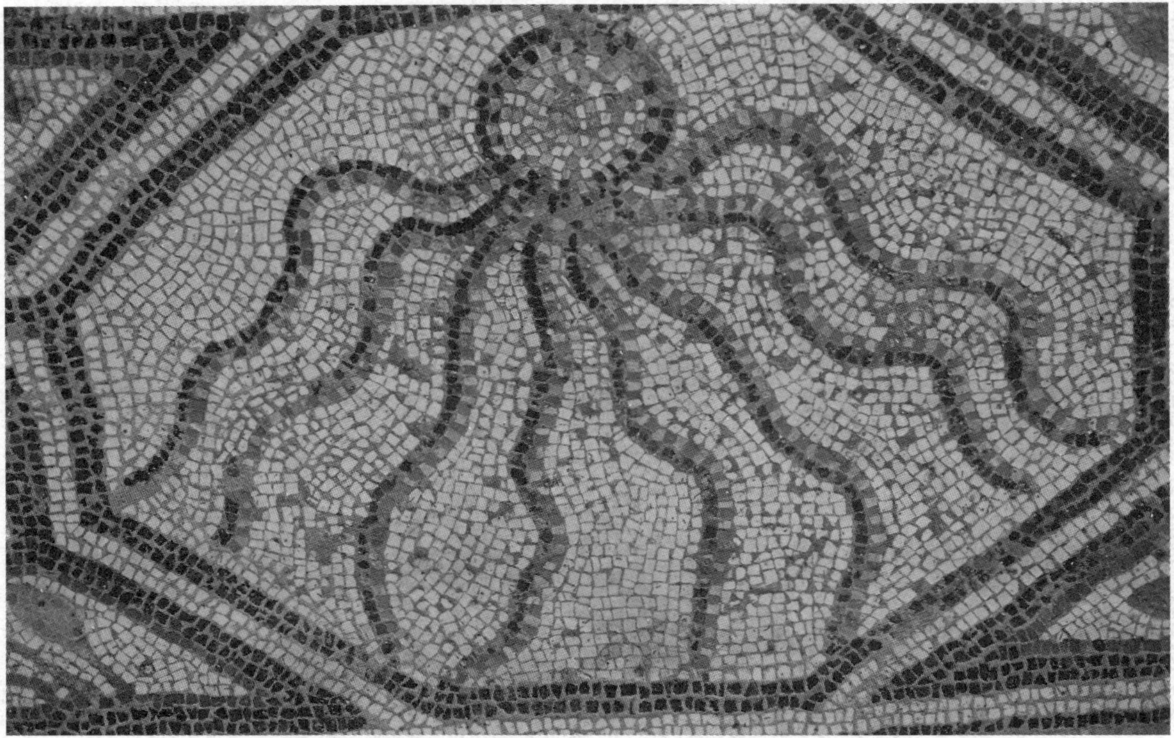

15. ‘The octopus uses its tentacles both as feet and as hands: it draws in food with the two that are placed over its mouth; and the last of its tentacles . . . it uses for copulation.’

problems of perception. In his psychological treatise *On the Soul* he remarks in passing that the reliability of the senses varies according to the objects at which they are directed. If our eyes tell us 'That is white' they are most unlikely to be wrong; if they say 'That white thing is a daisy' they have a greater chance of erring. And Book IV of the *Metaphysics* considers and dismisses a number of sceptical positions. But the remarks in *On the Soul* are not backed by any argument, and Aristotle's reply to the sceptics in the *Metaphysics* is little more than a curt dismissal. He thinks that their views are not seriously held and need not be seriously taken: 'it is evident that no one – neither those who state the thesis nor anyone else – is actually in that condition. For why does anyone walk to Megara rather than stay where he is when he thinks he should walk there? Why doesn't he walk into a well or over a cliff in the morning if there is one about?' And Aristotle asks if 'they are really puzzled as to whether sizes and colours are such as they seem to those at a distance or to those who are near, to the healthy or to the sick; whether what seems heavy to the weak or to the strong really is heavy; whether what seems to be the case to men awake or to men asleep really is true'.

If someone assures me that we can know nothing at all about the world, and I then see him looking carefully in each direction before he crosses the road, I shall not take his assurance seriously. And in general, sceptical assurances are shown in this sort of way to be unserious. Perhaps this is so; but it is hardly pertinent to the philosophical questions which Aristotle's optimistic epistemology encounters. A sceptic's arguments may be serious even if he is not. A sceptic's objections may be pointed, and may demand a response, even if the sceptic is a playboy. Aristotle ought perhaps to have taken scepticism more seriously – but he had to leave bones for his successors to gnaw.

Chapter 14
Aristotle's World-Picture

Aristotle was an industrious collector who amassed a prodigious quantity of information on a vast variety of topics. He was also an abstract thinker, whose philosophical ideas ranged wide. The two aspects of his intellectual activity were not kept in distinct mental compartments. On the contrary, Aristotle's scientific work and his philosophical investigations were the two halves of a unified intellectual outlook. Aristotle was a remarkable scientist and a profound philosopher, but it is as a philosopher-scientist that he excels. He was, according to an ancient aphorism, 'a scribe of nature who dipped his pen in thought'.

His main philosophico-scientific writings are the *Physics*, *On Generation and Destruction*, *On the Heavens*, *Meteorology*, *On the Soul*, the collection of short psychological treatises known collectively as the *Parva Naturalia*, the *Parts of Animals*, and the *Generation of Animals*. All these works are scientific, in the sense that they are based on empirical research, and attempt to organize and explain the observed phenomena. They are also all philosophical, in the sense that they are acutely self-conscious, reflective, and systematically structured attempts to arrive at the truth of things.

Aristotle himself indicates the general plan of his work at the beginning of the *Meteorology*.

> I have already dealt with the first causes of nature and with all natural motion [in the *Physics*], and also with the heavenly bodies arranged in their upper paths [in *On the Heavens*], and with the number and nature of the material elements, with their mutual transformations, and with generation and destruction in general [in *On Generation and Corruption*]. The part of this enquiry remaining to be considered is what all the earlier thinkers called meteorology . . . When we have dealt with these subjects, we shall see if we can give some account, on the lines we have laid down, of animals and plants, both in general and in particular; for when we have done that, we shall perhaps have arrived at the completion of the plan we set ourselves at the beginning.

Aristotle offers a clear view of the nature of reality. The elements or fundamental stuffs of the sublunary world are four: earth, air, fire, and water. Each element is defined by way of four primary powers or qualities – wetness, dryness, coldness, hotness. (Fire is hot and dry, earth cold and dry, . . .) The elements have each a natural movement and a natural place. Fire, if left to itself, will move upwards and will find its place at the outermost edges of the universe; earth naturally moves downwards, to the centre of the universe; air and water find their places in between. The elements can act upon and change into one another. Elemental interactions are discussed in *On Generation and Destruction*; secondary forms of interaction – something approximating to chemistry – may be found in Book IV of the *Meteorology*.

Earth tends downwards, and our earth is naturally at the centre of the universe. Beyond the earth and its atmosphere come the moon, the sun, the planets, and the fixed stars. Aristotle's geocentric astronomy, which attaches the heavenly bodies to a series of concentric spheres, was not his own creation. He was not a professional astronomer but relied upon the work of his contemporaries, Eudoxus and Callippus. The treatise *On the Heavens* is concerned with abstract astronomy.

16. A thirteenth-century painting of the Aristotelian elements: 'The elements or fundamental stuffs of the sublunary world are four: earth, air, fire, and water. Each element is defined by way of four primary powers or qualities – wetness, dryness, coldness, hotness.'

Aristotle's main contention is that the physical universe is spatially finite but temporally infinite: it is a vast but bounded sphere which has existed without beginning and will exist without end.

Between the earth and the moon lies the mid-air. The *Meteorology* studies '*ta meteôra*', literally 'the things suspended in mid-air'. The phrase referred originally to such phenomena as clouds, thunder, rain, snow, frost, dew – roughly speaking, to the weather; but it was easily extended to include matters which we should classify under astronomy (meteors, comets, the milky way, for example) or under geography (rivers, the sea, mountains, etc.). Aristotle's *Meteorology* contains his own explanations of these various phenomena. The work has a strong empirical base, but it is firmly governed by theory. Indeed, the unity which it possesses derives largely from the dominance of a single theoretical notion, the notion of 'exhalation'. Aristotle holds that 'exhalations' or evaporations are continuously being given off by the earth. They are of two sorts, wet or steamy, and dry or smoky. Their actions may serve to explain, in a uniform fashion, most of the events that take place in the mid-air.

On the earth itself the most remarkable objects of study are living things and their parts. 'Of the parts in animals, some are incomposite, namely those which divide into uniform pieces (for example, flesh into flesh), others are composite, namely those which divide into non-uniform pieces (for example, a hand does not divide into hands, nor a face into faces) . . . All the non-uniform parts are composed from the uniform parts, for example, hands from flesh and sinews and bones.' But there is no sharp boundary between non-living and living things; and although living things can be arranged in a hierarchy – a 'ladder of nature' of ascending worth and complexity – the levels in the hierarchy are not rigorously separated. Between plants and the lowest form of animals there is no precise boundary; and from the lowest animals to men, who naturally stand at the top of the ladder, there is a continuous progression.

Such is the natural world. And as such it continues forever, exhibiting constant regularity in continuous change.

> Circular motion, that is, the motion of the heavens, has been seen . . . to be eternal, because it and the motions determined by it come into being and will exist from necessity. For if that which moves in a circle is always moving something else, the motion of the latter too must be circular – for example, since the upper movement is circular, the sun moves in this way; and since this is so, the seasons for that reason come into being in a circle and return upon themselves; and since they come into being in this way, so again do the things governed by them.

And how is the world governed? Are there gods to keep it going? Outwardly Aristotle was a conventional polytheist; at least, in his will he ordered statues to be dedicated at Stagira to Zeus and to Athena. But such ritual performances did not mirror his philosophical beliefs:

> Our remote ancestors have handed down remnants to their posterity in mythical form to the effect that these [sc. the heavenly bodies] are gods and that the divine encompasses the whole of nature. But the rest has been added by way of myth to persuade the vulgar and for the use of the laws and of expediency. For they say that they are anthropomorphic and like some of the other animals – and other things consequent upon and similar to that; but if you were to separate what they say and accept only the first part, that they thought the primary substances to be gods, you would think they had spoken divinely.

Zeus and Athena, the anthropomorphic gods of the Olympian pantheon, are myths; but 'our remote ancestors' were not purveyors of unmixed superstition. They rightly saw, or half saw, first that the 'primary substances' are divine ('god seems to everyone to be among the causes and a sort of first principle'), and secondly that the primary substances should be sought in the heavens.

The heavenly bodies, which Aristotle often refers to as 'the divine bodies', are made of a special stuff, a fifth element or 'quintessence'; for 'there is some other body, separate from those here about us, whose nature is more honourable in that it is further removed from the world below'. Now 'it is the function of what is most divine to think and to use its intellect', so that the heavenly bodies, being divine, must therefore be alive and intelligent. For although 'we tend to think of them as though they were simply bodies – units exhibiting order but quite without life – we must suppose that they partake in action and in life . . . We must think that the actions of the stars are just like those of animals and plants.'

In Book VIII of the *Physics* Aristotle argues for the existence of a changeless source of change – an 'unmoved mover' as it is normally called. If there is to be any change in the universe, there must, he holds, be some original source which imparts change to other things without changing itself. The unmoved mover is outside the universe: 'must there or must there not be something unchanging and at rest outside whatever is changing and no part of it? And must this be true of the universe too? It would presumably seem absurd if the principle of change were inside it.' The external mover 'initiates change as an object of love; and other things initiate change by changing themselves'. The concentric celestial spheres, and the celestial bodies they carry, are all quintessential and divine; but they are moving divinities. Beyond them, incorporeal and outside the universe, is the primary divinity, the changeless originator of all change.

What are we to make of all this? Some scholars take Aristotle's words at what seems to be their face value, and find living gods scattered throughout his writings – he thus becomes a profoundly religious scientist. Other scholars dismiss Aristotle's use of the words 'god' and 'divine' as a *façon de parler*: the primary substances are divine only in the sense that other things are dependent upon them – and Aristotle becomes a wholly secular thinker.

17. 'Aristotle's geocentric astronomy, which attaches the heavenly bodies to a series of concentric spheres, was not his own creation. He was not a professional astronomer but relied upon the work of his contemporaries, Eudoxus and Callippus.' Part of a papyrus text (from the second century AD) of Eudoxus' work *On Spheres*.

Neither of those two views is plausible. There is too much about gods in the treatises to permit us to discount Aristotle's theologizing as pious word play; and, on the other hand, Aristotle's gods are too abstract, remote, and impersonal to be regarded as the objects of religious worship. Rather, we might connect Aristotle's remarks about the divinity of the universe with the sense of wonderment which nature and its works produced in him. 'It is because of wonderment that men, both now and at first, start to study philosophy'; and that study, properly conducted, does not diminish the initial admiration. For Aristotle was impressed by a deep reverence for the value and excellence of the universe about him:

> In what way does the nature of the world contain what is good and what is best – as something separate and independent, or as its own orderliness? Rather, in both ways, as an army does. For the excellence of an army resides both in its orderliness and in its general, and especially in the latter. For he does not depend on the orderliness but it does depend on him. And all things – fish and birds and plants – are ordered in a way, yet not in the same way; and it is not the case that there is no connection between one thing and another – there is a connection.

Chapter 15
Psychology

One important distinction within the natural world is found in the fact that some natural substances are alive and others inanimate. What marks off the former from the latter is their possession of what in Greek is called *psuchê*. The word '*psuchê*' (from which 'psychology' and other such terms derive) is usually translated as 'soul', and under the heading of *psuchê* Aristotle does indeed include those features of the higher animals which later thinkers associate with the soul. But 'soul' is a misleading translation. It is a truism that all living things – prawns and pansies no less than men and gods – possess a *psuchê*; but it would be odd to suggest that a prawn has a soul, and odder still to ascribe souls to pansies. Since a *psuchê* is what animates, or gives life to, a living thing, the word 'animator' (despite its overtones of Disneyland) might be used. (I shall generally keep to the conventional 'soul', but I shall also occasionally use 'animator'.)

Souls or animators come in varying degrees of complexity.

> Some things possess all the powers of the soul, others some of them, others one only. The powers we mentioned were those of nutrition, of perception, of appetition, of change in place, of thought. Plants possess only the nutritive power. Other things possess both that and the power of perception. And if the power of perception, then that of appetition too. For appetition consists of desire, inclination, and wish; all animals

possess at least one of the senses, namely touch; everything which has perception also experiences pleasure and pain, the pleasant and the painful; and everything which experiences those also possesses desire (for desire is appetition for the pleasant) . . . Some things possess in addition to these the power of locomotion; and others also possess the power of thought and intelligence.

Thought, in Aristotle's view, requires imagination and hence perception; so that any thinking creature must be capable of perceiving. And perception never exists apart from the first principle of animation, that of nutrition and reproduction. Thus the various powers or faculties of the soul form a hierarchical system.

What is a soul or animator? And how do living creatures acquire one?

In his treatise *On the Soul* Aristotle offers a general account of what souls or animators are. He first argues that 'if we are to state something common to every type of soul, it will be that it is the first fulfilment of a natural body which has organs'. He later observes that such an account is not particularly illuminating, and suggests, as an improvement, that 'a soul is a principle of the aforesaid powers and is defined by them, namely by nutrition, perception, thought, movement'. Aristotle himself advises us not to spend too much time over these generalities but rather to concentrate on the different functions of the soul.

Yet the generalities contain something of importance. Aristotle's first general account of the soul amounts to this: for a thing to have a soul is for it to be a natural organic body actually capable of functioning. The second general account explains what those functions are. Thus Aristotle's souls are not pieces of living things, nor are they bits of spiritual stuff placed inside physical bodies; rather, they are sets of powers, sets of capacities or faculties. Possessing a soul is like possessing a skill. A carpenter's skill is not some part of him, responsible for his skilled acts; similarly, a living creature's animator or soul is not some part of it, responsible for its living activities.

This view of the soul has certain consequences, which Aristotle was quick to draw. First, 'one should not ask if the soul and the body are one, any more than one should ask such a question of a piece of wax and its shape or in general of the matter of anything and that of which it is the matter'. There is no problem of the 'unity' of soul and body, or of how soul and body can act upon each other. Descartes later wondered how on earth two things so different as body and soul could coexist and work together; for Aristotle such issues do not arise.

Secondly, 'that the soul – or certain parts of it, if it is divisible into parts – is not separable from the body is not unclear'. Fulfilments cannot exist apart from the things that are fulfilled. Souls are fulfilments of bodies. Hence souls cannot exist apart from bodies, any more than skills can exist apart from skilled men. Plato had held that souls pre-existed the birth and survived the death of those bodies they animated. Aristotle thought that this was impossible. A soul is simply not the sort of thing that could survive. How could my skills, my temper, or my character survive me?

Aristotle's general view of the nature of souls is elaborated in his detailed accounts of the different life-functions: nutrition, reproduction, perception, movement, thought. Such functions or faculties are functions or faculties of bodies, and Aristotle's psychological investigations can take a biological turn without, as it were, changing the subject. Thus imagination, for example, is described as 'a motion coming about by the agency of an act of perception': an act of perception is a physiological change, and it may cause a further physiological change, which constitutes an imagination. Some may object that Aristotle ignores the psychological aspect of imagination by concentrating on its physiological manifestations. But Aristotle holds that the psychology simply is the physiology, that souls and their parts are physical capacities.

On the Soul and the *Parva Naturalia* are governed by this biological attitude towards animation. In the *Generation of Animals* Aristotle asks where the soul or animator comes from: how do creatures begin to live? A popular view, accepted by Plato, had it that life begins when the soul enters the body. Aristotle comments: 'clearly, those principles whose actuality is corporeal cannot exist without a body – for example, walking without feet; hence they cannot come in from outside – for they cannot enter it alone (for they are inseparable), nor yet in some body (for the semen is a residue of food that is undergoing change).' The 'principles' or powers of the soul are corporeal principles – to be animated is to be a body with certain capacities. Hence to suppose that those capacities could exist outside any body is as absurd as to imagine that walking could take place apart from any legs. The soul cannot simply drift into the foetus from outside. (In principle, it could arrive 'in some body', that is, in the semen; but in fact the semen is the wrong sort of stuff to carry or transmit these capacities.)

Aristotle's accounts of nutrition, reproduction, perception, desire, and movement are all consistently biological. But consistency is threatened when he turns to the highest psychological faculty, that of thought. In the *Generation of Animals*, immediately after the sentences just quoted, Aristotle continues: 'Hence it remains that thought alone comes in from outside, and that it alone is divine; for corporeal actuality has no connection at all with the actuality of thought.' Thought, it seems, can exist apart from body. The treatise *On the Soul* speaks of thought with special caution, hinting that it may be separable from body. In what is perhaps the most perplexing paragraph he ever wrote, Aristotle distinguishes between two sorts of thought (later known as 'active intellect' and 'passive intellect'). Of the first of these he says: 'this thought is separable and impassive and unmixed, being essentially actuality . . . And when separated it is just what it is, and it alone is immortal and eternal.'

The special status of thought depends upon the view that thinking does not involve any corporeal activity. But how can Aristotle hold such a view? His general account of the soul makes it plain that thinking is something done by 'natural organic bodies', and his particular analysis of the nature of thought makes thinking dependent upon imagination and hence upon perception. Even if thinking is not itself a corporeal activity, it requires other corporeal activities in order to take place.

Aristotle's treatment of thought is both obscure in itself and hard to reconcile with the rest of his psychology. But neither that fact, nor the various errors and inexactitudes in his physiology, should dim the light of his work on psychology: it rests on a subtle insight into the nature of souls or animators, and it is persistently scientific in its approach to psychological questions.

Chapter 16
Evidence and Theory

Aristotle's general account of the world is wholly exploded. Most of his explanations are now seen to be false. Many of the concepts he operated with appear crude and inadequate. Some of his ideas seem quite absurd. The chief reason for Aristotle's downfall is simple: in the sixteenth and seventeenth centuries, scientists applied quantitative methods to the study of inanimate nature, and chemistry and physics came to assume a dominating role. Those two sciences seemed to be fundamental in a way in which biology was not: they examined the same stuff as biology, but from a closer, and a mathematical, viewpoint – a biology unsupported by physics and chemistry was seen to lack a foundation. Aristotle's physics and chemistry were found to be hopelessly inadequate when compared to the work of the new scientists. A new 'world-picture', based on the new sciences, replaced the Aristotelian view, and if Aristotle's biology survived for a further century or so, it survived as a limb torn from the body, as a fragment of a colossal statue.

Why did Aristotle not develop a decent chemistry or an adequate physics? His failing must be set down in large part to conceptual poverty. He did not have our concepts of mass, force, velocity, temperature, and he thus lacked some of the most powerful conceptual tools of the physical sciences. In some cases he had a rough and primitive form of the concept – he knew what speed was, and he could weigh things. But his notion of speed is in a sense non-quantitative; for he did not measure velocity, he had no notion of kilometres per hour. Or again, consider temperature. Heat is a central notion in Aristotelian science. The hot and the cold are two of the four primary powers, and heat is vital to animal life. Aristotle's predecessors had disagreed among themselves over what objects were hot and what cold. 'If there is so much dispute over the hot and the cold,' Aristotle remarks, 'what must we think about the rest? – for these are the clearest of the things we perceive'. He suspects that the disputes occur 'because the term "hotter" is used in several ways', and he conducts a long analysis of the different criteria we use for calling things hot. The analysis is subtle, but – to our eyes – it suffers from a glaring deficiency: it does not mention measurement. For Aristotle, hotness is a matter of degree, but not of measurable degree. To that extent he lacked the notion of temperature.

Conceptual poverty is closely tied to technological poverty. Aristotle had no accurate clock, and no thermometer at all. Measuring devices and a quantitative conceptual apparatus go together. The former are inconceivable without the latter, the latter are useless without the former. Lacking one, Aristotle lacked both. In an earlier chapter I suggested that Aristotle's zoological researches did not suffer from his non-quantitative approach. The case is different with the natural sciences: chemistry without laboratory equipment and physics without mathematics are bad chemistry and bad physics.

It would be absurd to blame Aristotle for his conceptual poverty: poverty is a lack, not a failing. But many students of Aristotle's science are inclined to impute two serious failings to him, one methodological and the other substantial. It is alleged, first, that Aristotle regularly subordinated fact to theory, that he would start from theory, and then twist the facts to fit it; and secondly, that his natural science was permeated by a childlike determination to find plans and purposes in the world of nature. Let us take the methodological accusation first.

Consider the following passage:

> we might say that plants belong to earth, aquatic animals to water, land-animals to air . . . The fourth kind must not be looked for in these regions; yet there should be a kind corresponding to the position of fire – for this is reckoned the fourth of the bodies . . . But such a kind must be sought on the moon; for that evidently shares in the fourth remove – but that is matter for another treatise.

The passage comes in the middle of a sophisticated and informed discussion of certain questions of generation. It would be charitable to regard it as a joke; but it is not in the least jocular: Aristotle convinces himself that there are kinds of animals corresponding to three of his four elements; he infers that there must be a kind corresponding to the fourth element; and, failing to find such things on the earth, he places them on the moon. What could be more absurd? What less scientific?

Well, the passage is absurd; and there are one or two others to match it. But all scientists are capable of idiocy: there are remarkably few idiotic passages in Aristotle's writings, and the judicious reader will not make too much of them. Rather, he will find other passages more characteristic of the man. For example, speaking of the motions of the heavenly bodies, Aristotle writes:

> as to how many there are, let us now say what some of the mathematicians say, in order to get some idea of the matter and so that our mind will have some definite number to grasp hold of. As to the future, we must make enquiries ourselves and discuss the matter with other enquirers, and if those who study these matters have views different from those now expressed, we must love both parties but listen to the more accurate.

Again: 'to judge by argument and by the facts which seem to hold about them, the generation of bees takes place in this manner. But we have not yet acquired an adequate grasp of the facts: if we ever do acquire such a grasp, we must then rely on perception rather than on arguments – and on arguments only if what they prove is in agreement with the phenomena.' Aristotle has just given a long and careful account of the generation of bees. The account is based primarily on observations; but it is also speculative, relying to some extent on theoretical considerations. Aristotle explicitly recognizes this speculative aspect of his account, and he explicitly holds that speculation is subordinate to observation. Theory is indispensable when the facts are insufficiently known, but observation always has priority over theory.

Aristotle elsewhere makes the same point in more general terms: 'We must first grasp the differences between animals and the facts about them all. After that, we must try to discover their causes. For that is the natural method of procedure, once the research about each of them is done; for from that will become apparent the subjects about which and the principles from which our proofs must be conducted.' Again:

> empirical science must pass down the principles – I mean, for example, empirical astronomy must supply those of the science of astronomy; for when the phenomena were sufficiently grasped, the astronomical proofs were discovered. And similarly in every other art and science whatsoever. Thus if the facts in each case are grasped, it will then be our task to give a ready supply of proofs. For if none of the true facts of the case is missing, we shall be able to discover the proof of everything of which there is proof and to construct a proof – and to make plain where proof is not possible.

Aristotle frequently criticizes his predecessors for putting theory before the facts. Thus, of Plato and his school:

> speaking of the phenomena, they say things that do not agree with the

18. 'To judge by argument and by the facts which seem to hold about them, the generation of bees takes place in the way we have described. But we have not yet acquired an adequate grasp of the facts . . .'

> phenomena . . . They are so fond of their first principles that they seem to behave like those who defend theses in dialectical arguments; for they accept any consequence, thinking that they have true principles – as though principles should not be judged by their consequences, and especially by their goal. And the goal in productive science is the product, but in natural science it is whatever properly appears to perception.

Nothing could be clearer. Empirical research precedes theory. The facts must be collected before the causes are sought. The construction of an axiomatized deductive science (the production of proofs) depends upon the presence of 'all the true facts of the case'. Of course, Aristotle never had a grasp of all the facts; he often thought he had facts when he had only falsehoods; and he sometimes jumped precipitately into theorizing. Moreover, theory should to some extent control the collection of facts: undisciplined amassing of facts is an unscientific exercise; and it may be, as some philosophers both ancient and modern have argued, that there is no such thing as a pure fact uncontaminated by theory. But despite all this, two things are plain: Aristotle had a clear view of the primacy of observation, and his scientific treatises – in particular, his works on biology – regularly remain true to that view.

In the next chapter I turn to the accusation that Aristotle childishly makes the natural world a stage on which plans and purposes are acted out.

Chapter 17
Teleology

> We see more than one kind of cause concerned with natural generation – namely that for the sake of which, and also the source of the principle of change. Thus we must determine which of these comes first and which second. It seems that the first is the one we call 'for the sake of something'; for this is the account of the thing, and the account is a principle in the same way both in the products of skill and in those of nature. For, either by thought or by perception, the doctor determines on health and the builder on a house; and then they give accounts and causes of everything they do, and explain why it should be done in this way. Now that for the sake of which, or the good, is more prevalent in the works of nature than in those of skill.

Here, in the introductory chapter of the *Parts of Animals*, Aristotle sets out what is called his teleological view of nature. Final causes occur in the works of nature no less than in the products of human skill, and in order to explain natural phenomena we must appeal to 'that for the sake of which'. Explanation in terms of final causes is explanation in terms of 'the good'; for if ducks have webbed feet for the sake of swimming, then it is good – that is, good for ducks – to have webbed feet. Final causes are primary because they are identified with 'the account of the thing': being a swimmer is part of a duck's essence, and a proper account of what it is to be a duck will require reference to swimming. Final causes are not imposed on nature by theoretical considerations; they are observed in nature: 'we see more than one kind of cause'. (The term 'teleology' derives from the Greek '*telos*', which is Aristotle's word for 'goal': a teleological explanation is one which appeals to goals or final causes.)

Throughout his biological works Aristotle constantly looks for final causes. Why do teeth, unlike the other hard parts of animal structure, continue to grow?

> The cause of their growth, in the sense of that for the sake of which, is to be found in their function. For they would soon be worn away if there were no accretion to them – as it is, in certain old animals which are gross feeders but possess small teeth, the teeth are completely worn away, for they are destroyed more quickly than they grow. That is why here too nature has produced an excellent contrivance to fit the case; for she makes loss of the teeth coincide with old age and death. If life lasted for ten thousand or one thousand years, the teeth would have had to be enormous at first and to grow up often; for even if they grew continuously, they would nevertheless be smoothed down and so become useless for their work. So much for that for the sake of which they grow.

Again, why do men have hands?

> Anaxagoras says that men are the most intelligent of animals because they possess hands; but it is reasonable to think that they possess hands because they are most intelligent. For hands are a tool, and nature, like an intelligent man, always assigns each thing to something that can use it (it is better to give a flute to someone who is actually a flute-player than to provide a man who owns a flute with the skill of flute-playing); for she has provided the greater and superior thing with that which is less, and not the less with that which is more honourable and greater. Thus if this is better, and if nature does what is the best in the

> circumstances, man is not most intelligent because of his hands but has hands because he is the most intelligent of animals.

Final causes are often contrasted with 'necessity', and in particular with the constraints imposed by the material nature of animals or animal parts. But even where necessity is invoked to explain the phenomena, there is still room for explanation in terms of final causes. Why do water-birds have webbed feet?

> For these causes, they have them from necessity; and because of what is better, they have such feet for the sake of life, so that, living in the water where their wings are useless, they may have feet that are useful for swimming. For they are like oars to oarsmen or fins to fish; hence if in fish the fins are destroyed or in water-birds the webbing between the feet, they no longer swim.

Aristotle's teleology is sometimes summed up in the slogan 'Nature does nothing in vain', and he himself frequently uses aphorisms of this tenor. But although Aristotle holds that final causes are to be found throughout the natural world, they are not to be found literally everywhere. 'The bile in the liver is a residue, and is not for the sake of anything – like the sediment in the stomach and in the intestines. Now nature sometimes uses even residues for some advantageous purpose; but that is no reason for seeking a final cause in all cases.' Book V of the *Generation of Animals* is entirely devoted to such non-purposeful parts of animals.

Natural behaviour and natural structure usually have final causes; for nature does nothing in vain. But the final causes are constrained by necessity: nature does the best she can 'in the circumstances'. And sometimes there is no final cause to be discovered at all.

The *Physics* contains a number of arguments in support of natural teleology. Some of them rest upon the characteristically Aristotelian notion that 'art imitates nature' or 'the arts are imitations of nature': if we can see final causes in the products of skill, all the more so can we see them in the products of nature. Another argument enlarges upon the assertion in the *Parts of Animals* that 'we see' final causes in nature.

> It is particularly clear in the case of the other animals which act neither by skill nor after enquiry nor after deliberation (hence some people wonder whether spiders, ants, and the like perform their tasks by reason or by something else). And if you proceed little by little in this way, it becomes apparent that in plants too there occurs what is conducive to the goal – for example, leaves for the sake of sheltering the fruit. So that if the swallow builds its nest and the spider its web by nature and for the sake of something, and if plants too produce leaves for the sake of the fruit and grow their roots downwards rather than upwards for the sake of nutrition, it is plain that there are causes of this sort in the things that come to be and exist by nature.

Do we 'see' final causes in nature? What exactly are we supposed to see? The phrases 'in order to' and 'for the sake of' seem to be primarily of service in explaining the intentional actions of conscious agents. Then is Aristotle ascribing agency and intentionality to natural phenomena? He does not attribute intentions to animals and plants, nor does he suppose that the final causes of their activities are what they themselves purpose. Ducks do not plan to have webbed feet, nor do plants contrive their leaves. Aristotle's teleology does not consist in a puerile ascription of intentions to vegetables. Then is Aristotle attributing intentions not to natural creatures but to nature herself? In several passages Aristotle speaks of nature as the intelligent artificer of the natural world, passages in which we are inclined to write 'Nature' with a capital N. For example, 'like a good housekeeper, nature does not waste anything which might be put to good use.' Such passages should not be lightly dismissed. But nature the artificer cannot be all that there is to Aristotle's teleology; for in the detailed teleological explanations which fill his biological writings he rarely adverts to the plans of nature or to the purposes of a grand designer.

If we are not to interpret Aristotle's teleology in terms of intentional planning, how are to interpret it? Consider the following passage.

> Snakes copulate by twining around one another; and they have no testicles and no penis, as I have already observed – no penis because they have no legs, no testicles . . . because of their length. For because they are naturally elongated, if there were further delay in the region of the testicles, the semen would grow cool because of its slow passage. (This happens in the case of men who have large penises: they are less fertile than those with moderate penises because cold semen is not fertile and semen that is carried a long way cools.)

If the snake's semen had to wind its way through a pair of testicles after travelling the length of the snake's body, it would become cold and infertile – and that is why snakes have no testicles. (They have no penis because the penis is naturally located between the legs, and snakes have no legs.) In order to procreate successfully, snakes must lack testicles: they would not survive if they did not procreate, and they could not procreate if they had testicles. That explains their lack of testicles. The explanation is fantastical in its content, but it is an explanation of a perfectly respectable type.

In general, most structural features and behavioural traits of animals and plants have a function. That is to say, they serve the performance of some activity which is essential, or at least useful, to the organism: if the organism did not perform that activity it would not survive at all, or would only survive with difficulty. If we are seeking an understanding of animal life, we must grasp the functions associated with the creature's parts and behaviour. If you know that ducks have webbed feet and also know that they swim, you are not yet in possession of full understanding: you need to grasp in addition that the

19. 'Snakes copulate by twining around one another; and they have no testicles and no penis, as I have already observed – no penis because they have no legs, no testicles . . . because of their length.'

webbing helps ducks to swim, and that swimming is an essential part of the duck's life.

Aristotle expresses this by saying that one answer to the question 'Why do ducks have webbed feet?' is 'In order to swim.' His 'in order to' sounds odd to us only because we associate 'in order to' primarily with intentional action. Aristotle associates it primarily with function, and he sees function in nature. He is surely right. Natural objects do contain functional parts and do exhibit functional behaviour; the scientist who is unaware of such functions is ignorant of a major part of his subject-matter.

'Nature does nothing in vain' is a regulative principle for scientific enquiry. Aristotle knows that some aspects of nature are functionless. But he recognizes that a grasp of function is crucial to an understanding of nature. His slogans about the prudence of nature are not pieces of childish superstition, but reminders of a central task of the natural scientist.

Chapter 18
Practical Philosophy

The preceding chapters have been concerned with the theoretical sciences. Aristotle himself devoted most of his time to that great branch of knowledge, but he did not ignore the practical sciences. Indeed, two of his most celebrated treatises, the *Politics* and the *Nicomachean Ethics*, belong to the practical branch of philosophy. Those works are not practical in the sense of being manuals. On the contrary, they are full of analysis and argument, and they rest upon much historical and scientific research. They are works of practical philosophy, practical in the sense that their purpose or aim is not merely to purvey truth but also to affect action: 'the present treatise is not, like the others, undertaken for the sake of understanding – for we are conducting the enquiry not in order to know what goodness is but in order to become good men'.

Aristotle wrote two *Ethics*, the *Nicomachean* and the *Eudemian*. The title '*Ethics*' is misleading, and so too are the standard English translations of two key terms in Aristotle's practical philosophy – '*aretê*', normally rendered 'virtue', and '*eudaimonia*', normally rendered 'happiness'. A few remarks on these words are in order.

Aristotle himself refers to his treatises as the '*êthika*', and the transliteration of the Greek word gives us the title '*Ethics*'. But the Greek term actually means 'matters to do with character', and a better title would be *On Matters of Character*. As for '*aretê*', the word means something like 'goodness' or 'excellence': Aristotle can talk of the *aretê* of an argument or of an axe as well as of a man. Human *aretê* is human excellence: it is what makes a human being a good human being; and it has only an indirect connection with what we think of as virtue. Finally, '*eudaimonia*' does not refer to a mental state of euphoria, as 'happiness' tends to in English: to be *eudaimôn* is to flourish, to make a success of life, and the connection between *eudaimonia* and happiness is again indirect.

What, then, is Aristotle's 'ethical' philosophy? 'It seems no doubt uncontroversial to say that *eudaimonia* is the best thing, but we need to say more clearly what it is.' Each of us wants to flourish or to do well, and all our actions, in so far as they are rational, are directed to that ultimate goal. The primary question for practical philosophy, then, is this: How are we to achieve *eudaimonia*? In what does flourishing consist? What is it to be a successful human being? Aristotle is not asking what makes us happy, and he is not concerned with the question of how we ought to lead our lives, if that question is construed as a moral one. He wants to instruct us in how to make a success of our lives.

His answer depends upon a philosophical analysis of the nature of *eudaimonia*. *Eudaimonia*, he argues, is 'an activity of the soul in accordance with excellence'. To say that *eudaimonia* is an 'activity' is to say that to flourish involves doing things as opposed to being in a certain state. (Being happy – like, say, being in love – is a state of mind: flourishing is not a state but an activity or set of activities.) To say that *eudaimonia* concerns the soul or the animator is to say that human flourishing requires the exercise of certain of the faculties by which life is defined; in particular, a person cannot be said to flourish as a human being unless he is exercising distinctively human faculties. Finally, *eudaimonia* is an activity 'in accordance with excellence'. To flourish is to do certain things excellently or well. A man who exercises his faculties but does so inefficiently or badly cannot be said to be making a success of his life.

Then what are the excellences in accordance with which we must act if we are to make a success of things? Aristotle distinguishes between excellences of character and excellences of intellect. The former include both what we think of as moral virtues – courage, generosity, fair-mindedness, and so on – and also such dispositions as a proper self-respect, an appropriate degree of ostentation, and wit; the latter include such things as knowledge, good judgement, 'practical wisdom'. In addition, Aristotle spends some time in discussing the quasi-excellence of friendship.

Men are marked off from other animals by possessing reason and the power of thought. Men 'contain something divine – what we call the intellect is divine', and our intellect is 'the divine within us'. Indeed, 'each of us actually is intellect, since this is our sovereign and best element'. The excellences most properly human, then, are the intellectual excellences, and *eudaimonia* consists primarily in activity in accordance with those excellences – it is a form of intellectual activity. 'Thus any choice or possession of the natural goods – goods of the body, wealth, friends, or any other good – which will best produce contemplation by the god [that is to say, by our intellect, the god within us], is best and is the finest standard; and any which, either because of deficiency or because of excess, prevents us from cultivating the god and from contemplating, is bad.' To flourish, to make a success of life, requires engagement in intellectual pursuits. Aristotle thought that such pursuits were immensely enjoyable, and that the intellectual life offered an unparalleled happiness; but his main thesis in the *Ethics* is not that happiness consists in intellectual activity, but that excellent intellectual activity constitutes success or flourishing for men. The intellectual giants of history may not all have been happy men, but they were all successful men: they all flourished and achieved *eudaimonia*.

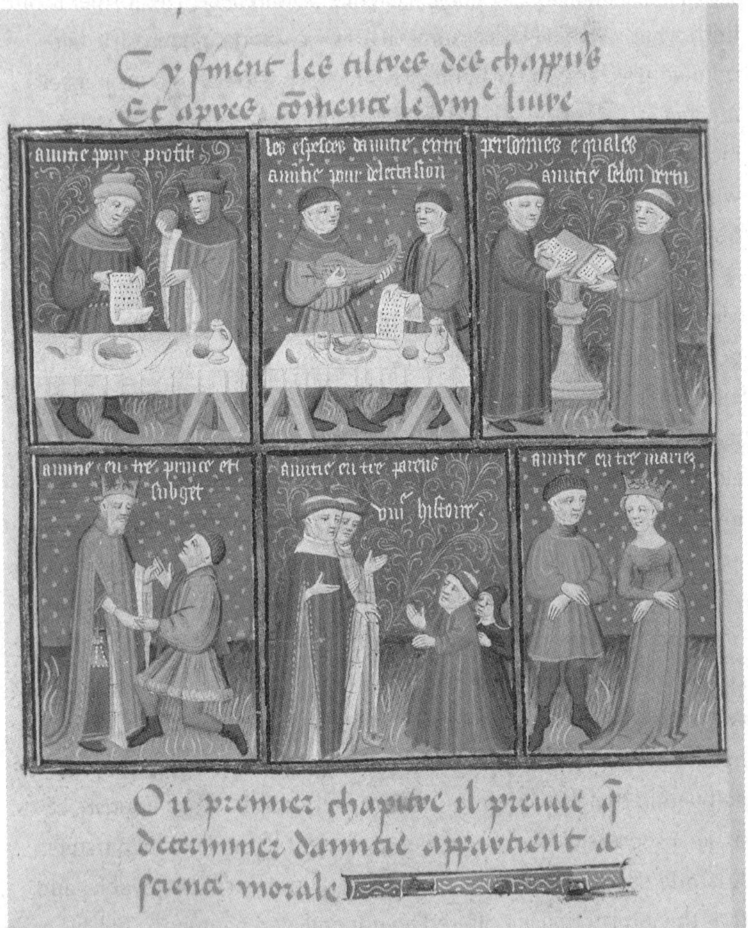

20. 'Men are not isolated individuals, and the human excellences cannot be practised by hermits.' The *Nicomachean Ethics* spends much time on friendship and its varieties – which are seen here in a medieval illustration.

Intellectual activity is not enough. Men are not isolated individuals, and the human excellences cannot be practised by hermits. 'Men', Aristotle says, 'are by nature political animals'. This remark is no casual aphorism, but a piece of biological theory. 'Political animals are those which have some single activity common to them all (which is not true of all gregarious animals); such are men, bees, wasps, ants, cranes.' 'What is peculiar to men, compared to the other animals, is that they alone can perceive the good and the bad, the just and the unjust, and the rest – and it is partnership in these things which makes a household and a State.' Society and the State are not artificial trappings imposed upon natural man: they are manifestations of human nature itself.

Societies appear in different forms. The first thing to be stressed in connection with Aristotle's idea of a State is its size. 'A State cannot be made from ten men – and from 100,000 it is no longer a State.' The Greek city-states whose histories formed the factual background to Aristotle's political theory were, most of them, of pygmy proportions. They were frequently torn by faction, and their independence was ultimately destroyed by the advance of Macedonian power. Aristotle was familiar with the evils of faction (Book V of the *Politics* is given over to an analysis of the causes of civil strife), and he was intimate with the Macedonian court; yet he never lost his conviction that the small city-state was the right – the natural – form of civil society.

A State is a collection of citizens, and a citizen, in Aristotle's view, 'is defined by nothing else so well as by participation in judicial functions and in political office'. The affairs of a State are run directly by its citizens. Each citizen will be a member of the assembly or deliberative body of the nation, he will be eligible for the various offices of State, which include financial and military appointments, and he will be a part of the judiciary (for under Greek legal procedure the functions of judge and jury were not distinguished).

How much political power a citizen possessed would depend on the type of constitution which his State enjoyed, different constitutions entrusting to different persons or institutions the authority to pass legislation and to determine public policy. Aristotle produced a complex taxonomy of constitutions, the three main types of which are monarchy, aristocracy, and democracy. In certain circumstances he favoured monarchy: 'When either a whole family or an individual is so remarkable in point of excellence that his excellence exceeds that of everyone else, then it is just that that family or that individual should be king and sovereign over all matters.' But such circumstances are rare or non-existent, and in practice Aristotle preferred democracy: 'The view that the multitude, rather than a few good men, should be sovereign . . . would seem perhaps to be true. For although not each member of the multitude is a good man, still it is possible that, when they come together, they should be better – not as individuals but collectively, just as communal dinners are better than those supplied at one man's expense.'

A State, however constituted, must be self-sufficient, and it must achieve the goal or end for which States exist.

> It is evident that a State is not a sharing of locality for the purpose of preventing mutual harm and promoting trade. These things must necessarily be present if a State is to exist; but even if they are all present a State does not thereby exist. Rather, a State is a sharing by households and families in a good life, for the purpose of a complete and self-sufficient life.

The 'good life', which is the goal of the State, is identified with *eudaimonia*, which is the goal of individuals. States are natural entities, and like other natural objects they have a goal or end. Teleology is a feature of Aristotle's political theory no less than of his biology.

This notion of the goal of the State is linked to another high ideal. 'A fundamental principle of democratic constitutions is liberty. One form of liberty is to rule and be ruled turn and turn about. Another form is to live as one wishes; for men say that this is the aim of liberty, since to live not as one wishes is the mark of a slave.' Liberty at home is complemented by a pacific external policy; for Aristotelian States, although armed for defence, will have no imperialist ambitions. But these generous sentiments are forgotten or suppressed when Aristotle turns from generalities to particular political arrangements.

Of foreign policy he has very little to say. (But let it be noted that he is said to have urged Alexander the Great to 'deal with Greeks in the manner of a leader, with foreigners in that of a master, caring for the former as friends and relatives, treating the latter as animals or plants'.) On domestic policy he is more voluble. And it is at once evident that in fact liberty will be severely restricted in an Aristotelian State. First, liberty is the prerogative of citizens, and a large majority of the population will not possess citizenship. Women are not citizens. And there are slaves. Some men, according to Aristotle, are slaves by nature, and it is therefore permissible to make them slaves in fact. 'Someone who, being a man, belongs by nature not to himself but to someone else, is a slave by nature. He belongs to someone else if, being a man, he is an article of property – and an article of property is an instrument which aids the actions of and is separable from its owner.' Slaves may enjoy a good life – they may have kind masters. But they have no liberty and no rights.

The citizens own slaves, and they own other forms of property. Aristotle argues at length against communism. But his notion of property is a restricted one: 'Evidently it is better that property should be private – but men should make it common in use.' And he immediately adds that 'it is the task of the legislator to see that the citizens behave like this'. The State will not own the means of production, nor will it direct the economy; but the legislature will ensure that the citizens' economic behaviour is properly governed.

The voice of the State, muted in economic affairs, is strident in social matters. In the last books of the *Politics* Aristotle begins to describe his Utopia or ideal State. (The *Politics* was perhaps never completed by Aristotle: in any event, the description of Utopia is a mere fragment.) The State intervenes before birth: 'since the legislator must from the start consider how the children who are reared are to have the best physique, he must first pay attention to sexual union, determining when and between what sort of people marital relations may exist'. Intervention continues during pregnancy, and it increases during childhood, especially in connection with education:

> No one would dispute that the legislator must busy himself especially about the education of the young . . . Since the whole city has one goal, it is evident that there must also be one and the same education for everyone, and that the superintendence of this should be public and not private . . . Public matters should be publicly managed; and we should not think that each of the citizens belongs to himself, but that they all belong to the State.

Aristotle describes in considerable detail the various ways in which the State should regulate the lives of its citizens. Each regulation, however benevolent in purpose, is a curtailment of liberty; and in Aristotle's claim that the citizens 'all belong to the State' the reader will detect the infant voice of totalitarianism. If Aristotle loved liberty, he did not love it enough. His State is highly authoritarian. What has gone wrong? Some may suspect that Aristotle erred at the very first step. He confidently assigns a positive function to the State, supposing that its goal is the promotion of the good life. Given that, it is easy to imagine that the State, eager to ameliorate the human condition, may properly intervene in any aspect of human life and may compel its subjects to do whatever will make them happy. Those who see the State as a promoter of Good end up as advocates of repression. Lovers of liberty prefer to assign a negative function to the State and to regard it as a defence and protection against Evil.

Chapter 19
The Arts

Aristotle has been accused of having a narrowly intellectual view of the good life: Homer and Phidias, Rembrandt and Bach, will not, it seems, be reckoned examples of success or illustrations of *eudaimonia*. The accusation is in all probability unjust; for the ideal of 'contemplation' advanced in the *Ethics* is a large one – large enough, perhaps, to encompass a life of artistic or literary genius. However that may be, Aristotle did in practice have a considerable admiration for such genius: the admiration is apparent on every page of his surviving treatise on the arts.

The *Poetics* is short, and only one half of it still exists. It includes an essay on language and linguistics, which may be supplemented by the treatment of style in Book III of the *Rhetoric*. It says a little about the emotions, on which Aristotle writes at length and with subtlety in Book II of the *Rhetoric*. But it consists largely of what commentators have seen as literary theory or literary criticism – and in particular, of the theory and criticism of tragic drama. But that is not quite how Aristotle saw the work; for the *Poetics* is a contribution to 'productive' science; that is to say, its chief aim is to tell us not how to judge a work of art but how to produce one.

All art, Aristotle thinks, is a matter of representation or 'imitation'. 'Epic, and tragic poetry, and also comedy and dithyramb and most

21. A theatrical scene showing a master and servant setting out on a journey, depicted on a Greek vase.

flute- and harp-music, are all by and large imitations.' Art imitates or represents human life, and in particular human action. Human actions differ in character, 'and it is this difference which distinguishes tragedy from comedy; for the latter is supposed to imitate men who are worse, and the former men who are better, than those of today'. Much of the *Poetics* is devoted to tragedy. The discussion starts from a definition. 'Tragedy is an imitation of an action which is serious and complete, and which has a certain magnitude. Its language is well seasoned, with each of the kinds of seasoning used separately in its different parts. It is in dramatic, not narrative, form. And through pity and fear it accomplishes a purgation of emotions of that sort'.

Of the six elements of tragedy which Aristotle later distinguishes – plot, character, language, thought, spectacle, song – the plot is the most important: it is in virtue of its plot that a tragedy will be 'complete' or unitary, and it is through its plot that a tragedy will perform its purgative function. In particular, 'the chief means by which a tragedy works on the emotions are certain parts of the plot, namely discoveries and reversals'. The plot revolves about a central figure, the 'tragic hero' as he was later called, who must be a man 'neither pre-eminent in excellence and goodness nor falling into misfortune through badness and villainy, but rather through some mistake – a man of high reputation and good fortune, like Oedipus or Thyestes or famous men from such families'. The protagonist of a tragedy enjoys great success (Oedipus was King of Thebes). He has made some 'mistake' (Oedipus unwittingly killed his father and married his mother). The mistake is discovered, and a 'reversal' occurs (Oedipus' mother commits suicide, he blinds himself and is banished from Thebes). By its organic unity, and its implicit universality, the story works upon the feelings of the audience.

Aristotle's conception of tragedy, which had a profound effect upon the later history of European drama, is blinkered. His definition hardly fits the tragedies of Shakespeare, not to mention the works of modern playwrights whose heroes, or antiheroes, possess neither the social standing nor the grand history of an Oedipus. But Aristotle was not attempting to produce a theory of tragedy which would hold good for all time. He was telling his contemporaries, who worked within the conventions of the Greek stage, how to write a play. (His advice was based upon a mass of empirical research into the history of Greek drama.) Again, Aristotle's notion of the goal of tragedy is odd: do tragedies always, or even as a rule, purge their audience of pity and fear? And if they do so, is it plausible to regard such emotional purgation as the primary function of tragedy? (Come to that, why suppose that tragedy has a function at all?) In any event, if tragedy has an emotional aspect, it also has aesthetic and intellectual aspects.

Aristotle was aware of such aspects, even if they do not feature prominently in his definition of tragedy. Indeed, much of the *Poetics* deals implicitly with aesthetic matters, inasmuch as it discusses the 'well seasoned language' and the rhythms which tragedy requires. Of the intellectual aspect of art Aristotle has this to say:

> Everyone enjoys imitation. A sign of that is what happens in actual cases; for we enjoy looking at very accurate likenesses of things which in themselves are painful to see – for example, the forms of the foulest animals, and corpses. The reason for this is that learning is most pleasant not only to philosophers but also to other men, even if they share the pleasure only briefly. That is why we enjoy seeing likenesses – as we look, we learn and infer what each thing is, saying 'That's him.'

The pleasure of learning is an important ingredient in the productive sciences. Contemplation or the actuality of knowing is the prime component of *eudaimonia*, which is the goal of the practical sciences. Truth and knowledge are the direct aim of the theoretical sciences. The desire for knowledge, which Aristotle thought to be part of every man's nature and which was the dominant aspect of his own personality, informs and unifies the tripartite structure of Aristotelian philosophy.

Chapter 20
Afterlife

On Aristotle's death, his friend and pupil Theophrastus assumed his mantle, and under him the Lyceum remained a focus of scientific and philosophical study. But in the third century BC the light of Aristotelianism dimmed. Other schools of thought – the Stoics, the Epicureans, the Sceptics – dominated the philosophical stage, and the sciences developed separately from philosophy and became the domain of specialists.

Yet Aristotle was never forgotten, and his work enjoyed more than one renaissance. From the first to the sixth century AD, a sequence of scholarly commentators preserved his writings and revivified his thought. There was a second renewal of interest in Byzantium in the eighth century. Later, in the twelfth century, Aristotle came to Western Europe, where his texts were read by learned men and translated into Latin, and copies were widely disseminated and widely read. Aristotle was known, magisterially, as 'the Philosopher'. His thought was all-pervasive, and the half-hearted attempts by the Church to suppress his writings only confirmed their authority. For some four centuries Aristotle's philosophy and Aristotle's science ruled the West with virtually unchallenged sway.

An account of Aristotle's intellectual afterlife would be little less than a history of European thought. In part his influence was simple and direct: Aristotle's various doctrines and beliefs were purveyed as received truths, and his ideas, or their reflections, can be seen in the pages of philosophers and scientists, of historians and theologians, of poets and playwrights. But the influence also took a subtler form. The structure as well as the content of Aristotle's thought impressed itself upon posterity. The concepts and the terminology of the Lyceum provided the medium within which philosophy and science developed, so that even those radical thinkers who determined to reject Aristotelian views found themselves doing so in Aristotelian language. When today we talk of matter and form, of species and genera, of energy and potentiality, of substance and quality, of accident and essence, we unwittingly speak the language of Aristotle and think in terms and concepts which were forged in Greece two millennia ago.

It is worth adding that our modern notion of scientific method is thoroughly Aristotelian. Scientific empiricism – the idea that abstract argument must be subordinate to factual evidence, that theory is to be judged before the strict tribunal of observation – now seems a commonplace; but it was not always so, and it is largely due to Aristotle that we understand science to be an empirical pursuit. The point needs emphasizing, if only because Aristotle's most celebrated English critics, Francis Bacon and John Locke, were both staunch empiricists who thought that they were thereby breaking with the Aristotelian tradition. Aristotle was charged with preferring flimsy theories and sterile syllogisms to the solid, fertile facts. But the charge is outrageous; and it was brought by men who did not read Aristotle's own works with sufficient attention and who criticized him for the faults of his successors.

Aristotle was vastly influential. But influence and greatness are not the same thing, and we might yet ask what makes Aristotle a Master – 'the master of those who know', as Dante called him – and why he is still worth reading. His greatest single achievement was surely his biology. By the work recorded in the *Researches*, the *Parts of Animals*, and the

22. The gymnasium at Aï Khanoum in Afghanistan. The town was founded by soldiers of Alexander the Great and was visited by Aristotle's pupil Clearchus: the metaphysical fragment shown in the illustration on page 103 was discovered near the gymnasium.

Generation of Animals, he founded the science of biology, set it on a sure empirical and philosophical basis, and gave it the shape it would retain until the nineteenth century. Second only to his biology is his logic. Here too Aristotle founded a new science, and Aristotle's logic remained until the end of the last century the logic of European thought. Few men have founded one science; Aristotle apart, none has founded two.

But in biology and in logic Aristotle is outdated. If we want to learn biology or logic, we no longer turn to Aristotle's treatises: they are now of historical interest only. The same is not true of Aristotle's more philosophical writings. The essays in the *Physics*, the *Metaphysics*, and the *Ethics* are less sure, less perfect, less scientific than the logic and the biology; but they are, paradoxically, more alive. For here Aristotle has not yet been overtaken. The *Ethics*, for example, can of course be read as an historical document – as evidence for the state of practical philosophy in the fourth century BC. But it can also be read as a contribution to a contemporary debate – or rather, to an eternal debate. Contemporary philosophers read Aristotle in this fashion, treating him as a brilliant colleague.

Finally, Aristotle set before us, explicitly in his writings and implicitly in his life, an ideal of human excellence. Aristotelian man may not be the sole paragon or the unique ideal, but he is surely an admirable specimen, emulation of whom is no low ambition. I end with a passage from the *Parts of Animals* which expresses some of the best in Aristotelian man.

> Of natural substances, some we hold to be forever free from generation and destruction, others to partake in generation and destruction. The former are worthy and divine, but our studies of them are less adequate; for there is remarkably little evidence available to perception from which we might make enquiries about them and about the things we long to know. But about perishable substances – plants and

23. Aristotle and Herpyllis, according to a common medieval fantasy.

animals – we are much better off with regard to knowledge, because we are brought up among them; for anyone who is willing to take enough trouble may learn much of the truth about each kind. Each of the two sorts of substance gives pleasure: even if our grasp of the former is slight, nevertheless their value makes knowledge of them more pleasant than knowing everything here about us (just as it is more pleasant to see any small part of the things we love than to see accurately many other large things); and on the other hand, since we have better and greater knowledge of the latter sort of substances, our grasp of them has a certain superiority – and again, because they are nearer to us and more akin to our nature, they gain somewhat compared to philosophical study of things divine.

Since we have treated the latter and set down our views, we must now speak of animal nature, as far as is possible omitting nothing whether of less or greater value. For even in the case of those that are not pleasing to the senses, the nature which fashioned them nevertheless gives immeasurable pleasures to the student who can discern the causes of things and is naturally of a philosophical turn. For it would be irrational and absurd if, while we take pleasure in contemplating the likenesses of such natural things inasmuch as we contemplate at the same time the skill of the painter or the sculptor who fashioned them, we should yet fail to find more pleasure in the contemplation of the natural things themselves, particularly if we can discern their causes. Thus we should not childishly complain against the enquiry into the less worthy animals; for in everything natural there is something marvellous.

Heraclitus is reported to have said to some visitors who wished to meet him and who hesitated when they saw him warming himself at the stove: 'Come in, be bold: there are gods here too.' In the same way we should approach the study of every animal without shame; for in all of them there is something natural and something beautiful.

References

All works cited are by Aristotle unless otherwise stated. References to Aristotle's writings normally consist of an abbreviated title, a book number (in Roman numerals), a chapter number (Arabic), and a specification of page, column, and line in the standard edition of the Greek text by Immanuel Bekker. (Most subsequent editions of the Greek and most English translations print Bekker references in their margins at regular intervals.) There is no universally agreed set of abbreviations. The set I have adopted is fairly standard. Where there is a mismatch between the abbreviated and the full version of the title, that is because the abbreviations are based on the Latin translation of the Greek titles. So, for example, *Meteor* II 9, 369a31, refers to line 31 of column a on page 369 of Bekker's edition, a line which occurs in the ninth chapter of the second book of Aristotle's *Meteorology*.

Abbreviations

An	*On the Soul*
APr	*Prior Analytics*
APst	*Posterior Analytics*
Cael	*On the Heavens*
Cat	*Categories*
EE	*Eudemian Ethics*
EN	*Nicomachean Ethics*
GA	*Generation of Animals*

GC	*On Generation and Corruption*
HA	*History of Animals*
Int	*On Interpretation*
MA	*Movement of Animals*
Met	*Metaphysics*
Meteor	*Meteorology*
PA	*Parts of Animals*
Phys	*Physics*
Poet	*Poetics*
Pol	*Politics*
Protr	*Protrepticus*
Rhet	*Rhetoric*
Soph El	*Sophistical Refutations*
Top	*Topics*

Page

3 (1) all men: *Met* I 1, 980a22

(2) the activity: *Met* XII 7, 1072b27

(3) the acquisition: *Protr* fragment 52 Rose = B 56 Düring, quoted by Iamblichus, *Protrepticus* 40.20–41.2

(4) we must not: *EN* X 7, 1177b31–5

4 he wrote: Diogenes Laertius, *Lives of the Philosophers* V 21

5 In every form: *Rhet* III 1, 1404a8–12

6 he surrounds: Atticus, fragment 7 (p. 28 ed. Baudry), quoted by Eusebius, *Preparation for the Gospel* XV ix 14, 810D

9 he did not want: Aelian, *Varia historia* III 36

11 (1) an inscription: Ibn Abi Usaibia, *Life of Aristotle* 18, printed in I. Düring, *Aristotle in the Ancient Biographical Tradition* (Göteborg, 1957), p. 215

(2) they drew up: W. Dittenberger (ed.), *Sylloge inscriptionum Graecarum* (3rd ed., Leipzig, 1915), no. 275

(3) as for what: *Letters*, fragment 9 [in M. Plezia (ed.), *Aristoteles: Privatorum scriptorum fragmenta* (Leipzig, 1977)], quoted by Aelian, *Varia historia* XIV 1

14 the city of Assos: T. Dorandi (ed.), *Filodemo: Storia dei filosofi* (Naples, 1991), col *V* (p. 129)

18 First, let us: *HA* I 6, 491a19–21

19 The octopus: *HA* IV 1, 524a3–20

20 (1) this is plain: *HA* V 8, 542a2–6

(2) it defends itself: *HA* IX 45, 630b8–11

21 (1) are generated: *HA* V 19, 551a1–7

(2) *an experiment*: *HA* VI 3, 561a6–562a20

22 the so-called *teuthoi*: *HA* IV 1, 524a25–8

24 (1) inflamed: Pliny, *Natural History* VIII xvi 44

(2) Their error: *GA* III 5, 756a31–4

25 (1) he worked: anon., *Vita Aristotelis Marciana* 6 (in Düring, op. cit., p. 98)

(2) he is the first: Strabo, *Geography* XIII i 54

(3) one should make: *Top* I 14, 105b12–15

(4) we have given: *Met* I 3, 983a33–b6

26 in the case: *Soph El* 34, 184a9–b9

28 (1) for if the difficulties: *EN* VII 1, 1145b6–7

(2) In all cases: *Soph El* 34, 183b18–27

29 Investigation: *Met* II 1, 993a30–b5, b11–19

30 why did he: Philodemus, *On Rhetoric* col. LIII 41–2 (vol. II, pp. 57–8 Sudhaus)

31 at once gave up: *Nerinthus*, fragment 64 Rose, quoted by Themistius, *Oration* XXXIII 295D

33 In the gymnasium: Epicrates, fragment 11 Kock, quoted by Athenaeus, *Deipnosophists* 59D

35 (1) whom it is not right: *Poems*, fragment 3 (in Plezia, op. cit.), quoted by Olympiodorus, *Commentary on the Gorgias* 41.9

(2) Plato used: Aelian, *Varia historia* IV 9

40 (1) The causes: *Met* XII 4, 1070a31–3

(2) all thought: *Met* VI 1, 1025b25

(3) there are three: *Met* VI 1, 1026a18–19

41 (1) If there are: *Met* VI 1, 1026a26–30

(2) the theoretical: *Met* VI 1, 1026a22–3

(3) there is a science: *Met* IV 3, 1003a21–2

43 is universal: *Met* VI 1, 1026a30–1

(1) the things which: *Met* IV 3, 1005a20; b10; a22–3

(2) assumes the same: *Met* IV 2 1004b17–18

46 (1) All sentences: *Int* 4, 16b33–17a3

(2) Of statements: *Int* 5, 17a20–2

47 every proposition: *APr* I 2, 25a1–2

51 (1) If A: *APr* I 4, 25b37–9

(2) A *sullogismos*: *APr* I 1, 24b18–20

(3) every proof: *APr* I 23, 41b1–3

53 we think: *APst* I 2, 71b9–12

54 If knowing: *APst* I 2, 71b19–25

55 cows: *PA* III 2, 664a8–11; 14, 674b5–14

57 (1) the conclusion: *APst* I 8, 75b22–4

(2) poetry: *Poet* 9, 1451b5–7

58 (1) to say that: *Met* XIII 10, 1087a 11, 24

(2) All knowledge: *Met* VI 2, 1027a20–4

60 here, as elsewhere: *EN* VII 1, 1145b2–6

62 Aristotle, accusing: Cicero, *Tusculan Disputations* III xxviii 69

64 Now the question: *Met* VII 1, 1028b2–4

66 (1) what is really: *Cat* 6, 6a26

(2) in respect of qualities: *Cat* 8, 11a15–16

(3) the classes of the things: *Phys* I 6, 189a14

67 (1) sharp: *Top* I 15, 106a13–20

(2) Something is called: *Met* V 2, 1013a24; 5, 1015a20; 18, 1022a14

(3) things are said to be: *Met* VII 1, 1028a10–13

(4) '*kleis*': *EN* I 6, 1096b26; V 1, 1129a29–31

68 (1) things are said: *Met* IV 2, 1003a33–4

(2) Everything that is healthy: *Met* IV 2, 1003a34–b4

69 (1) Thus things: *Met* IV 2, 1003b5–10

(2) things are called: *Met* V 7, 1017b23–5

70 the particular pale: *Cat* 2, 1a27–8

72 (1) It is plain: *Met* VII 16, 1040b5–8

(2) all these are defined: *Meteor* IV 12, 390a 10–13

75 (1) nature is: *Phys* III 1, 200b12
(2) things have a nature: *Phys* II 1, 192b32
77 (1) there is something: *Phys* V 1, 224a34–b3
(2) there is no change: *Phys* III 1, 200b323; VI 4, 234b29
78 (1) whatever comes: *Met* VII 8, 1033b12–13
(2) it becomes clear: *Phys* I 7, 190b1–8
79 Change is: *Phys* III 1, 201a10–11
80 (1) actuality is: *Met* IX 8, 1049b10–12
(2) in all cases: *Met* IX 8, 1049b24–7
83 A thing is called: *Phys* II 3, 194b23–195a3
84 the because-of-which: *Met* VII 17, 1041a23–7
86 (1) the cause is: *APst* II 2 90a7
54 (2) what it is: *APst* II 2, 90a15–18
87 Why did: *APst* II 11, 94a36–b2
88 Why is there: *APst* II 11, 94b9
89 (1) Since things: *Phys* II 3, 195a4–8
(2) both because: *APst* II 11, 94b32–4
91 And that there is: *Met* VI 2, 1027a20–2
92 and for that: *An* III 8, 432a7–9
93 All animals: *APst* II 19, 99b35–100a9
94 the cause: *GA* III 5, 756a2–6
96 (1) *reliability of the senses*: *An* III 3, 428b18–25
(2) it is evident: *Met* IV 4, 1008b12–16
(3) they are really: *Met* IV 5, 1010b4–9
97 a scribe: Suda, s.v. Aristoteles
98 I have already: *Meteor* I 1, 338a20–7; 339a7–9
100 Of the parts: *HA* I 1, 486a5–8; 13–14
101 (1) Circular motion: *GC* II 11, 338a18–b6
(2) Our remote: *Met* XII 8, 1074b1–10
(3) god seems: *Met* I 2, 983a8–9
102 (1) there is some other: *Cael* I 2, 269b14–16
(2) it is the function: *PA* IV 10, 686a29
(3) we tend: *Cael* II 12, 292a19–22, b1–2
(4) must there be: *MA* 4, 699b31–5

(5) initiates change: *Met* XII 7, 1072b3–4

104 (1) It is because: *Met* I 2, 982b12–13

(2) In what way: *Met* XII 10, 1075a11–18

105 Some things: *An* II 3, 414a29–b6; b16–18

106 (1) if we are to state: *An* II 1, 412b4–6

(2) a soul is: *An* II 2, 413b11–13

107 (1) one should not: *An* II 1, 412b6–8

(2) that the soul: *An* II 1, 413a3–5

(3) a motion: *An* III 3, 429a1–2

108 (1) clearly, those: *GA* II 3, 736b22–7

(2) Hence it remains: *GA* II 3, 736b27–9

(3) this thought: *An* III 5, 430a17–18; 22–3

111 if there is so much: *PA* II 2, 648a33–b1

112 (1) we might say: *GA* III 11, 761b13–23

(2) as to how many: *Met* XII 8, 1073b10–17

(3) to judge: *GA* III 10, 760b28–33

113 (1) we must first: *HA* I 6, 491a10–14

(2) empirical science: *APr* I 30, 46a17–27

(3) speaking of: *Cael* III 7, 306a6–7; 12–18

116 We see more: *PA* I 1, 639b12–21

117 (1) The cause of: *GA* II 6, 745a27–b3

(2) Anaxagoras: *PA* IV 10, 687a8–18

118 (1) For these causes: *PA* IV 12, 694b6–12

(2) *aphorisms:* e.g. *Cael* I 4, 271a33

(3) The bile: *PA* IV 2, 677a14–18

119 (1) art imitates: *Meteor* IV 3, 381b6; *Protr* fragment B 23 Düring, quoted by Iamblichus, *Protrepticus* 34.8–9

(2) It is particularly: *Phys* II 8, 199a20–30

(3) like a good: *GA* II 6, 744b16–17

120 Snakes copulate: *GA* I 7, 718a18–25

123 the present treatise: *EN* II 2, 1103b26–8

124 (1) It seems: *EN* I 7, 1097b22–3

(2) an activity: *EN* I 7, 1098a16

125 (1) contain something: *GA* II 3, 737a10–11

(2) the divine: *EE* VIII 2, 1248a27; *EN* X 7, 1178a2–3

(3) Thus any choice: *EE* VIII 3, 1249b16–21

127 (1) Men are: *Pol* I 1, 1253a2

(2) Political animals: *HA* I 1, 488a8–10

80 (3) What is peculiar: *Pol* I 1, 1253a15–18

(4) A State: *EN* IX 10, 1170b31–2

(5) is defined by: *Pol* III 1, 1275a22–3

128 (1) When either: *Pol* III 17, 1288a15–19

(2) The view that: *Pol* III 1, 1281a40–b3

(3) It is evident: *Pol* III 9, 1280b29–34

(4) A fundamental: *Pol* VI 1, 1317a40; b2–3; 11–13

129 (1) deal with Greeks: *Letters*, fragment 6a (in Plezia, op. cit.), quoted by Plutarch, *On the Fortune of Alexander* 329B

(2) Someone who: *Pol* I 4, 1254a14–17

(3) Evidently: *Pol* II 5, 1263a38–40

130 (1) Since the legislator: *Pol* VII 16, 1334b29–32

(2) No one would: *Pol* VIII 1, 1337a11–12; 21–4; 26–9

131 Epic: *Poet* 1, 1447a13–16

(1) and it is this: *Poet* 2, 1448a16–18

(2) tragedy is: *Poet* 6, 1449b24–8

(3) the chief means: *Poet* 6, 1450a33–5

(4) neither pre-eminent: *Poet* 13, 1453a8–12

134 everyone enjoys: *Poet* 4, 1448b8–17

139 Of natural substances: *PA* I 5, 644b22–645a23

Chronological Table

384 BC	Aristotle born at Stagira
367	A. migrates to Athens and joins Plato's Academy
356	Birth of Alexander the Great
347	Death of Plato; A. leaves Athens for the court of Hermias at Atarneus, and settles at Assos
345	A. moves to Mytilene on Lesbos (and later returns to Stagira)
343	Philip of Macedon invites A. to Mieza to tutor Alexander
341	Death of Hermias
336	Philip killed; Alexander crowned
335	A. returns to Athens and begins teaching in the Lyceum
323	Death of Alexander
322	A. leaves Athens for Chalcis, where he dies

Further Reading

All Aristotle's surviving works are to be found in English translation in the 'Oxford Translation':

- J. Barnes (ed.), *The Complete Works of Aristotle* (Princeton NJ, 1984).

The volumes in the Loeb Classical Library contain English versions with Greek on facing pages. Many of Aristotle's works are available in Oxford Classics, in Penguin, and in other paperback series. The Clarendon Aristotle series supplies close translations and philosophical commentaries on several of Aristotle's major writings.

The classic edition of the Greek text, by Immanuel Bekker, was published in Berlin in 1831. Modern editions may be found in such collections as the Oxford Classical Texts, the Loeb Classical Library, the Teubner Library, and the Budé series.

Of the countless general books on Aristotle's thought, I may mention:

- J. L. Ackrill, *Aristotle the Philosopher* (Oxford, 1981).
- G. Grote, *Aristotle* (London, 1883).
- G. E. R. Lloyd, *Aristotle* (Cambridge, 1968).
- W. D. Ross, *Aristotle* (London, 1923).

The essays in:

- J. Barnes (ed.), *The Cambridge Companion to Aristotle* (Cambridge, 1995)

collectively provide a comprehensive introduction to Aristotelian philosophy; and the volume has a large bibliography to guide more advanced study.

The evidence for Aristotle's life [Ch 1–2] is assembled and discussed in:

- I. Düring, *Aristotle in the Ancient Biographical Tradition* (Göteborg, 1957)

and there is an account of the Lyceum in:

- J. P. Lynch, *Aristotle's School* (Berkeley, CA, 1972).

On his zoology and biology [Ch 3–4] two older works are worth reading:

- G. H. Lewes, *Aristotle – A Chapter from the History of Science* (London, 1864).
- W. d'A. Thompson, *On Aristotle as a Biologist* (London, 1912).

On the philosophical – that is to say, the Platonic – background to Aristotle's work [Ch 5] see:

- G. E. L. Owen, 'The Platonism of Aristotle', in his *Logic, Science and Dialectic* (London, 1986).

The idea of an axiomatized deductive science [Ch 6] is analysed in:

- H. Scholz, 'The ancient axiomatic theory', in J. Barnes, M. Schofield and R. Sorabji (eds), *Articles on Aristotle* I (London, 1975).

On logic and on knowledge [Ch 7–8] see:

- G. Patzig, *Aristotle's Theory of the Syllogism* (Dordrecht, 1968).
- C. C. W. Taylor, 'Aristotle's epistemology', in S. Everson (ed.),

Companions to Ancient Thought: 1 – Epistemology (Cambridge, 1990).

There is a classic paper on the 'aporetic' aspect of Aristotle's thought [Ch 9]:

– G. E. L. Owen, '*Tithenai ta phainomena*', in his *Logic, Science and Dialectic* (London, 1986).

Many of the issues raised by Aristotle's metaphysical speculations [Ch 6, 10] are aired in Parts I and II of:

– T. H. Irwin, *Aristotle's First Principles* (Oxford, 1988).

Note also, on the 'categories' and on ambiguity:

– M. Frede, 'Categories in Aristotle', in his *Essays on Ancient Philosophy* (Oxford, 1987).
– G. E. L. Owen, 'Logic and metaphysics in some earlier works of Aristotle', in his *Logic, Science and Dialectic* (London, 1986).
– G. E. L. Owen, 'Aristotle on the snares of ontology', in his *Logic, Science and Dialectic* (London, 1986).

On change and causation and also on teleology [Ch 11–12, 17] see:

– R. Sorabji, *Necessity, Cause and Blame* (London, 1980).

On Aristotle's empiricism and on the relation between theory and evidence [Ch 13, 16]:

– G. E. R. Lloyd, 'Empirical research in Aristotle's biology', in his *Methods and Problems in Greek Science* (Cambridge, 1991).
– P. Pellegrin, *Aristotle's Classification of Animals* (Berkeley CA, 1986).

For a general description of Aristotle's natural world [Ch 14] see:

– F. Solmsen, *Aristotle's System of the Physical World* (Ithaca NY, 1960).

For his psychological views [Ch 15] see:

- S. Everson, *Aristotle on Perception* (Oxford, 1997).

On practical philosophy [Ch 18], there are two short books on ethics:

- D. S. Hutchinson, *The Virtues of Aristotle* (London, 1986)
- J. O. Urmson, *Aristotle's Ethics* (Oxford, 1987)

and a long book on politics:

- F. D. Miller, *Nature, Justice, and Rights in Aristotle's Politics* (Oxford, 1995).

For art and poetry [Ch 19] see the papers collected in:

- A. O. Rorty (ed.), *Essays on Aristotle's* Poetics (Princeton NJ, 1992).

On Aristotle's afterlife [Ch 20] see:

- R. Sorabji (ed), *Aristotle Transformed* (London, 1990).

“牛津通识读本”已出书目

古典哲学的趣味
人生的意义
文学理论入门
大众经济学
历史之源
设计，无处不在
生活中的心理学
政治的历史与边界
哲学的思与惑
资本主义
美国总统制
海德格尔
我们时代的伦理学
卡夫卡是谁
考古学的过去与未来
天文学简史
社会学的意识
康德
尼采
亚里士多德的世界
西方艺术新论
全球化面面观
简明逻辑学
法哲学：价值与事实
政治哲学与幸福根基
选择理论
后殖民主义与世界格局

福柯
缤纷的语言学
达达和超现实主义
佛学概论
维特根斯坦与哲学
科学哲学
印度哲学祛魅
克尔凯郭尔
科学革命
广告
数学
叔本华
笛卡尔
基督教神学
犹太人与犹太教
现代日本
罗兰·巴特
马基雅维里
全球经济史
进化
性存在
量子理论
牛顿新传
国际移民
哈贝马斯
医学伦理
黑格尔

地球
记忆
法律
中国文学
托克维尔
休谟
分子
法国大革命
民族主义
科幻作品
罗素
美国政党与选举
美国最高法院
纪录片
大萧条与罗斯福新政
领导力
无神论
罗马共和国
美国国会
民主
英格兰文学
现代主义
网络
自闭症
德里达
浪漫主义
批判理论

德国文学
戏剧
腐败
医事法
癌症
植物
法语文学
微观经济学
湖泊
拜占庭
司法心理学
发展
农业
特洛伊战争
巴比伦尼亚
河流
战争与技术

儿童心理学
时装
现代拉丁美洲文学
卢梭
隐私
电影音乐
抑郁症
传染病
希腊化时代
知识
环境伦理学
美国革命
元素周期表
人口学
社会心理学
动物
项目管理

电影
俄罗斯文学
古典文学
大数据
洛克
幸福
免疫系统
银行学
景观设计学
神圣罗马帝国
大流行病
亚历山大大帝
气候
第二次世界大战
中世纪
工业革命
传记